会计学基础模拟实验

（第四版）

隋秀娟　解丽娟◎主编

上海财经大学出版社

图书在版编目(CIP)数据

会计学基础模拟实验 / 隋秀娟，解丽娟主编.—4 版.—上海：上海财经大学出版社，2022.3
ISBN 978-7-5642-3907-7/F·3907

Ⅰ.①会… Ⅱ.①隋…②解… Ⅲ.①会计学-高等学校-教材
Ⅳ.①F230

中国版本图书馆 CIP 数据核字(2021)第 231571 号

责任编辑：刘晓燕
封面设计：张克瑶

会计学基础模拟实验(第四版)

著 作 者： 隋秀娟 解丽娟 主编
出版发行： 上海财经大学出版社有限公司
地　　址： 上海市中山北一路 369 号(邮编 200083)
网　　址： http://www.sufep.com
经　　销： 全国新华书店
印刷装订： 江苏启东人民印刷有限公司
开　　本： 787mm×1092mm 1/16
印　　张： 20.5
字　　数： 499 千字
版　　次： 2022 年 3 月第 4 版
印　　次： 2022 年 3 月第 1 次印刷
印　　数： 43301—47300
定　　价： 49.00 元

目　　录

再版前言

本书第一版、第二版、第三版被全国20多个院校在教学中加以使用，受到使用者的好评。近几年来，财政部重新修订和增补了会计准则，税收政策也发生了一系列变化。为了贯彻执行新会计准则，在对威海市工商银行和威海周边地区几家大中型制造业市场调研的基础上，再次对本书进行修订。在修订过程中，根据目前的变化，增加了部分内容，调整了原有部分单据，使之更加合理并贴近实际，同时，为适应全国会计专业“会计核算与信息化应用”技能大赛的需要，增加了综合核算能力实训模块，并保持了第一、二、三版的编写体系。

本书由隋秀娟、解丽娟确定修订的思路，张慧明、邹程程以及西安思源经济贸易学院副院长王颖参编。

由于水平有限，书中难免有不当之处，敬请读者指正。

编　者

2021年11月

第一版前言

随着我国经济发展的不断深入，会计在企业管理中的地位愈来愈重要。特别是近几年来，会计市场的开放和会计改革的加深，急需具备一定的职业判断能力和动手能力的中、高级会计人才，会计职业教育正是在这种经济形势下发展起来的。为了满足高等职业教育对应用型人才的培养目标要求，我们组织了一批在教学一线从事会计理论教学和会计模拟实验教学、经验丰富的优秀教师，深入企业，与工作在企业会计岗位的会计人员一起，吸取、借鉴其他版本实验教材的成功经验，本着"广借鉴、不套用、有创新"的态度，以职业分析为依据，以岗位需求为基础，以培养管理、服务一线的应用型人才为宗旨，合作编写了适合高等职业教育经济管理类各个专业的《会计学基础模拟实验》教材。

《会计学基础模拟实验》教材以坚实的理论知识为基础，以大量的社会调查为依据，同现有其他版本的实验教材相比，具有以下鲜明的特色：

首先，从结构上分为三部分，与实际工作流程相吻合；从内容上，涵盖了会计学基础的全部内容，涉及会计工作的每一个环节，每一项实验从实验准备开始，到实验意义、实验目的、实验资料、实验要求和实验设计，内容全面，结构完整。

其次，该实验教材中所涉及的所有原始凭证和账表，都是在社会调查的基础上设计的，具有高度的仿真性。

最后，该实验教材首次将记账凭证的填制、总账、日记账、明细账簿的登记以及会计报表的编制在数字上进行了前后连贯，内容完整系统，与实际工作一致。

总之，本实验教材内容适当，结构安排合理，通俗易懂，实用性和可操作性强。

本教材由威海职业学院隋秀娟、解丽娟任主编，威海市工商银行张慧明、威海市职业中等专业学校邹程程、西安思源经济贸易学院王颖任副主编，具体分工如下：实验五、实验六、实验七由隋秀娟编写，实验二、实验三、实验九、实验十三、实验十四由解丽娟编写，实验一、实验四由张慧明编写，实验八、实验十由邹程程编写，实验十一、实验十二由王颖编写。

编者

第一部分　会计凭证的填制与审核

会计凭证是会计工作的开始环节。填制和审核原始凭证是保证会计资料真实的重要前提;记账凭证的填制和审核同等重要,因为无论是账簿还是报表所需资料,全部来源于记账凭证。通过该部分的实验,掌握原始凭证的填制和审核、记账凭证的填制和审核。完成了这个部分的实验,你将迈出会计工作的第一步。

实验一

原始凭证的填制

一、实验准备

系统学习《会计基础规范》中关于原始凭证填制方法的内容。

二、实验意义

原始凭证的填制是会计核算工作的起点，是完成其他会计核算工作的基础。真实、准确、完整地填制原始凭证是对会计人员的基本要求，也是会计核算工作顺利进行的保障。

三、实验目的

通过该实验，使学生掌握原始凭证的基本内容、填制方法和传递程序。

四、实验资料

恩威特集团公司是一个以生产电子产品配件为主的中型企业，企业坐落在威海市文化路43号，该公司纳税登记号：371002358669234712

开户银行：工商银行威海支行，账号：12000056783

单位法人：刘志涛

财务主管：杨雪琴

采购部门负责人：董成

仓库负责人：吴和平

其他资料见下页。

五、实验要求

根据以上资料填制原始凭证。

六、实验设计

1. 了解构成原始凭证的基本要素。
2. 掌握原始凭证的填制方法。
3. 熟悉原始凭证的传递程序。

4. 本实验大约需要 10 学时。

2020 年 12 月发生部分业务如下：

（一）银行单据的填制（单据见下页）

1. 2 日，从威海利华电器厂购入材料，价税合计 113 000 元，转账支票支付。

2. 3 日，提取差旅费 5 000 元。

3. 10 日，以电汇形式支付温州电子一厂货款 76 500 元（账号：9863467；开户行：交行鹤顶分理处；地址：浙江省温州市鹤顶路 26 号）。

4. 12 日，出纳员将多余现金 1 200 元送存银行（面额 100 元 8 张，面额 50 元 4 张，面额 10 元 20 张）。

5. 18 日，收到威海光华电子厂购货款 226 000 元，存入银行。

6. 20 日，购买支票工本费 120 元（6 本，单价 20 元）。

1-1

中国工商银行支票存根
XVI00235669

附加信息

出票日期　　年　月　日

收款人：
金额：
用途：

单位主管　　会计

本支票付款期限十天

中国工商银行　　转账支票　　XVI00235669

出票日期（大写）　　年　　月　　日　　付款行名称：

收款人：　　出票人账号：

人民币（大写）	亿	千	百	十	万	千	百	十	元	角	分

用途

上列款项请从

我账户内支付

出票人签章　　复核　　记账

1-2

（贴粘单处）

被背书人	附加信息：
背书人签章 年　月　日	

2-1

中国工商银行支票存根
XIV00654987

附加信息

出票日期　　年　月　日

收款人：	
金额：	
用途：	

单位主管　　会计

本支票付款期限十天

中国工商银行　　现金支票　　XIV00654987

出票日期（大写）　　年　　月　　日　　付款行名称：

收款人：　　出票人账号：

人民币（大写）	亿	千	百	十	万	千	百	十	元	角	分

用途

上列款项请从

我账户内支付

出票人签章　　复核　　记账

2-2

（贴粘单处）

附加信息：	被背书人
	收款人签章 年　月　日
	身份证件名称：　　发证机关：
	号码

3-1

中国工商银行
INDUSTRIAL AND COMMERCIAL BANK OF CHINA

电汇凭证（回　单）　　1

□普通　□加急　　委托日期　　年　　月　　日　　A00244587

汇款人	全　称		收款人	全　称	
	账　号			账　号	
	汇出地点	省　　市/县		汇入地点	省　　市/县
汇出行名称			汇入行名称		
金额	人民币（大写）		亿千百十万千百十元角分		
汇出行签章			支付密码		
			附加信息及用途： 复核　　记账		

此联汇出行给汇款人的回单

3-2

中国工商银行
INDUSTRIAL AND COMMERCIAL BANK OF CHINA

电汇凭证（回　单）　　2

□普通　□加急　　委托日期　　年　　月　　日　　A00244587

汇款人	全　称		收款人	全　称	
	账　号			账　号	
	汇出地点	省　　市/县		汇入地点	省　　市/县
汇出行名称			汇入行名称		
金额	人民币（大写）		亿千百十万千百十元角分		
汇出行签章			支付密码		
			附加信息及用途： 复核　　记账		

此联汇出行作借方凭证

3-3

中国工商银行
INDUSTRIAL AND COMMERCIAL BANK OF CHINA

电汇凭证(回　单)　　3

□普通　□加急　　委托日期　　年　月　日　　A00244587

汇款人	全　称		收款人	全　称	
	账　号			账　号	
	汇出地点	省　市/县		汇入地点	省　市/县
汇出行名称			汇入行名称		
金额	人民币(大写)		亿 千 百 十 万 千 百 十 元 角 分		
汇出行签章			支付密码		
			附加信息及用途： 复核　记账		

此联汇出行凭此汇出汇款

4-1

中国工商银行
INDUSTRIAL AND COMMERCIAL BANK OF CHINA

现金存款凭条

收款人	全　称			
	账　号		款项来源	
	开户行		交款人	
金额(大写)			金额(小写)	

票面	张　数	十	万	千	百	十	元	票面	张数	千	百	十	元	备注
壹佰元								伍角						
伍拾元								贰角						
贰拾元								壹角						
拾　元								伍分						
伍　元								贰分						
贰　元								壹分						
壹　元								其他						

第二联　客户核对联

5-1

中国工商银行　　**转账支票**　　XVI00235669

出票日期（大写）　贰零贰零年 壹拾贰月壹拾捌日　　付款行名称：工行高区支行

收款人：恩威特集团公司　　出票人账号：2368900386

人民币（大写）	亿	千	百	十	万	千	百	十	元	角	分
贰拾贰万陆千元整			¥	2	2	6	0	0	0	0	0

本支票付款期限十天

用途　购货款

上列款项请从

我账户内支付

出票人签章　　威海光华电子厂 财务专章　　杰吴

复核　　记账

5-2

中国工商银行
INDUSTRIAL AND COMMERCIAL BANK OF CHINA

进账单（回　单）　　1

年　　月　　日

出票人	全　称		收款人	全　称	
	账　号			账　号	
	开户银行			开户银行	

金额	人民币（大写）	亿	千	百	十	万	千	百	十	元	角	分

票据种类		票据张数	
票据号码			

复核　　记账　　　　开户银行盖章

此联是开户银行交给持(出)票人的回单

注(联次说明)：第一联　此联是开户银行交给持(出)票人的回单

第二联　此联由收款人开户行作贷方凭证

第三联　此联是收款人开户行交给收款人的收账通知

6-1

中国工商银行
INDUSTRIAL AND COMMERCIAL BANK OF CHINA

收费凭条

年　月　日

付款人名称			付款人账号										
服务项目(凭证种类)	数量	工本费	手续费	小　计									上述款项请从我账户中支付。
				百	十	万	千	百	十	元	角	分	
币种(大写)													预留印鉴：
以下在购买凭证时填写													
领购人姓名		领购人证件类型											
		领购人证件号码											

事后监督：　　　　记账：

记账联附件

(二) 外来单据的填制

1. 机打增值税发票样式

1-1

山东增值税普通发票

发票联

3700062620

校验码 05698738273792434203　　　　开票日期： 2020 年 12 月 18 日

购货单位	名称：威海三通电子有限公司 纳税人识别号：371002568438714741 地址、电话：威海市经技区皇冠东路 22 号 5983654 开户行及账号：工行 00845000780855500056			密码区	-9 / 〉〉/ < 6/66*033 *-28++ +4-16710258 * 9 - *19- - + 7535926 〈 078 + 593 - / 7/61 〉* 8719 <16655568/0 〉〉8*		加密版本： 013700062620 **06088430**
货物或应税劳务名称	规格型号	单位	数量	单价	金额	税率	税额
投影仪支架		个	2	299.145 299 2	598.29	13%	77.78
VGA 线		根	2	17.094 017 094	34.19	13%	4.44
合计					￥632.48		￥82.22
价税合计(大写)	⊗柒佰壹拾肆圆柒角整					(小写)￥714.70	
销货单位	名称：威海星通电子有限公司 纳税人识别号：371002748392693713 地址、电话：威海市海滨北路 8-3 号 3663686 开户行及账号：交行 006000018000046221		备注				

收款人：　　复核：　　开票人：张彩霞　　销货单位：(章)

2. 8 日，销售给圣阳电子公司 ZYR－03D 电子元件 50 只，单价 200 元，开出增值税专用发票一式四联（圣阳电子公司开户行：工行环翠支行；账号：000963528；地址：顺和街 83 号；纳税登记号：371002302175852648）。

2-1

全国统一发票监制章 国家税务总局监制

山东省增值税专用发票

开票日期： 年 月 日 No. 0037625

购买方	名称： 纳税人识别号： 地址、电话： 开户行及账号：	密码区	

货物或应税劳务、服务名称	规格型号	单位	数量	单价	金额									税率%	税额								
					百	十	万	千	百	十	元	角	分		百	十	万	千	百	十	元	角	分
合计																							
价税合计（大写）															（小写）								

销售方	名称： 纳税人识别号： 地址、电话： 开户行及账号：	备注	

收款人： 复核： 开票人： 销售方：（章）

第一联：存根联 销货方留存备查

2-2

全国统一发票监制章 国家税务总局监制

山东省增值税专用发票

开票日期： 年 月 日 No. 0037625

购买方	名称： 纳税人识别号： 地址、电话： 开户行及账号：	密码区	

货物或应税劳务、服务名称	规格型号	单位	数量	单价	金额									税率%	税额								
					百	十	万	千	百	十	元	角	分		百	十	万	千	百	十	元	角	分
合计																							
价税合计（大写）															（小写）								

销售方	名称： 纳税人识别号： 地址、电话： 开户行及账号：	备注	

收款人： 复核： 开票人： 销售方：（章）

第二联：发票联 购买方记账凭证

2-3

山东省增值税专用发票

国统一发票监制 国家税务总局监制

开票日期： 年 月 日 No. 0037625

购买方	名 称： 纳税人识别号： 地 址 、电 话： 开户行及账号：	密码区	

货物或应税劳务、服务名称	规格型号	单位	数量	单价	金额									税率%	税额								
					百	十	万	千	百	十	元	角	分		百	十	万	千	百	十	元	角	分
合 计																							
价税合计(大写)																（小写）							

销售方	名 称： 纳税人识别号： 地 址 、电 话： 开户行及账号：	备注	

收款人： 复核： 开票人： 销售方：(章)

第三联：抵扣联 购买方作抵扣税款凭证

2-4

山东省增值税专用发票

国统一发票监制 国家税务总局监制

开票日期： 年 月 日 No. 0037625

购买方	名 称： 纳税人识别号： 地 址 、电 话： 开户行及账号：	密码区	

货物或应税劳务、服务名称	规格型号	单位	数量	单价	金额									税率%	税额								
					百	十	万	千	百	十	元	角	分		百	十	万	千	百	十	元	角	分
合 计																							
价税合计(大写)																（小写）							

销售方	名 称： 纳税人识别号： 地 址 、电 话： 开户行及账号：	备注	

收款人： 复核： 开票人： 销售方：(章)

第四联：记账联 销货方记账

3. 13 日，为利华电子厂提供修理服务，服务费 2 000 元。

3-1

山东省增值税专用发票

开票日期：　　年　　月　　日　　　　No. 0091428

购买方	名　　称： 纳税人识别号： 地 址 、电 话： 开户行及账号：	密码区	

货物或应税劳务、服务名称	规格型号	单位	数量	单价	金额									税率%	税额								
					百	十	万	千	百	十	元	角	分		百	十	万	千	百	十	元	角	分
合　计																							
价税合计（大写）																（小写）							

销售方	名　　称： 纳税人识别号： 地 址 、电 话： 开户行及账号：	备注	

收款人：　　　　复核：　　　　开票人：　　　　销售方：（章）

第二联：发票联　销货方留存备查

（三）自制单据的填制

1. 7 日，仓库收到从深圳电子厂购入的钢板 20 张，单价 800 元。（发票号码：87532957）

1-1

收　料　单

供货单位：　　　　　　　　　　　　　　　　　　　　凭证编号：

发票号码：　　　　　　　　年　　月　　日　　　　　收料仓库：

材料编号	材料名称	规格	计量单位	数　量		价　格	
				应收	实收	单价	金额
备注：						合计	

第二联　财务记账

仓库负责人：　　　　记账：　　　　仓库保管：　　　　收料：

2. 9 日，一车间王和平到仓库领用钢板 8 张，用于生产仪表盘，发料人张强。

2-1

出　库　单

No. 7239467

领用部门：　　　　　　　　年　　月　　日　　　　　发料仓库：

名称规格	计量单位	数　量		实际单价	金　额	用　途
		请领	实领			
合　计						

记账：　　　　　　　　发料人：　　　　　　　　领料人：

3. 10 日，采购员宋涛赴广州泛瑞有限公司采购材料，预借差旅费 2 000 元，以现金支付。

3-1

借　　据

年　　月　　日　　　　　　No. 000338

<table>
<tr><td>借款单位</td><td colspan="3"></td><td colspan="8">金　额</td></tr>
<tr><td colspan="4" rowspan="2">人民币(大写)：　拾　万　仟　佰　拾　元　角　分</td><td>十</td><td>万</td><td>千</td><td>百</td><td>十</td><td>元</td><td>角</td><td>分</td></tr>
<tr><td></td><td></td><td></td><td></td><td></td><td></td><td></td><td></td></tr>
<tr><td colspan="12">借款事由：</td></tr>
<tr><td>领导批示</td><td>财务负责人</td><td>借款部门负责人</td><td colspan="9">借款人</td></tr>
<tr><td></td><td></td><td></td><td colspan="9"></td></tr>
</table>

第二联　财务记账

4.21 日，职工董成报销差旅费，火车票 2 张，12 月 14 日从威海到济南的车票 1 张 110 元，12 月 20 日从济南到威海的车票 1 张 105 元。住宿费票据一张 5×60.00 计 300 元。市内交通费 8×1.00 计 8 元，差旅费补助每天 40 元。

4-1

差旅费报销单

报销日期：　　　　年　　月　　日

部门			出差人			出差事由							
出发			到达			单据张数	车船费	住宿费			其他费用		
月	日	地点	月	日	地点			天数	标准	金额	项目	单据	金额
											市内车费		
											其他费用		
合　计													
经审核后报销金额			人民币（大写）										

主管：　　　　　　审核：　　　　　　报销人：

5.25 日，职工刘志伟归还预借差旅费 1 800 元。

5-1

收 款 收 据

年　　月　　日　　　　　　　第　　　号

今收到					
人民币（大写）				¥	
事由：			现金		
			支票第　　　号		
收款单位		财务主管		收款人	

第三联　收据

原始凭证的审核

一、实验准备

系统学习有关原始凭证的审核内容。

二、实验意义

凭证的真伪，直接关系到是否产生假账的问题。因此，对原始凭证的审核非常重要。

三、实验目的

通过实验，使学生掌握原始凭证的审核内容。

四、实验资料

见下页。

五、实验要求

对以上原始凭证逐一审核，指出存在的问题。

六、实验设计

1. 从内容上审核是否合理、合法，从填写情况上审核是否完整、正确。
2. 会计实务工作中，审核原始凭证时应注重“八审八看”：
(1) 审原始凭证的“经济业务”，看是否符合财务制度和开支标准；
(2) 审原始凭证的“抬头”，看是否与本单位名称或经办人姓名相符；
(3) 审原始凭证的“日期”，看是否与报账日期相近；
(4) 审原始凭证的“财务专章”，看是否与出具原始凭证的企业名称相符；
(5) 审原始凭证的“用途”，看是否为发票联或者收据联；
(6) 审原始凭证的“金额”，看是否等于数量乘以单价；
(7) 审原始凭证的“大写”，看是否与小写金额一致；
(8) 审原始凭证的“脸面”，看是否有涂改、刀刮、纸粘等现象。
3. 本实验大约需要 4 学时。

1. 2020年1月20日采购人员王新借差旅费800元。

1-1

借　据

2020年1月20日

今借到	
人民币(大写)：捌佰元整	￥：800.00
其中：　支票：	现金：800.00
系作　差旅、会议费　之用	

现金付讫

第二联　记账

批准人：　　财务负责人：　　部门负责人：　　借款人：王新

2. 2020年2月27日,报销购买办公用品费用。

2-1

山东省增值税专用发票

全国统一发票监制章　国家税务总局监制

开票日期：2020年02月27日　　　　No. 05329872

购买方	
名　　称	恩威特集团公司
纳税人识别号	371002358669234712
地 址 、电 话	山东省威海市文化路43号
开户行及账号	工行威海支行 12000056783

密码区：
234567-432 +5489-
+3-45678901*6-12-+-5/>>/
-2*435625-
8++325<2345677-765+>7

货物或应税劳务、服务名称	规格型号	单位	数量	单价	金额 百	十	万	千	百	十	元	角	分	税率%	税额 百	十	万	千	百	十	元	角	分
复印纸		箱	1	800.00					8	0	0	0	0	13					1	0	4	0	0
合　计								￥	8	0	0	0	0					￥	1	0	4	0	0

价税合计(大写)：玖佰零肆元整　　(小写)￥904.00

销售方	
名　　称	大华有限责任公司
纳税人识别号	371071631944663823
地 址 、电 话	威海市高技区大道路77号
开户行及账号	农行大道路支行 3762234522

备注：大华有限责任公司　财务专章

第三联：发票联　购买方记账凭证

收款人：　　复核：　　开票人：王小宁　　销售方：(章)

3. 2020 年 2 月 23 日，提取现金 2 200 元，开出现金支票一张。

3-1

中国工商银行现金支票存根

支票号码　0014276

科　　目

对方科目

出票日期 2020年2月23日

收款人:	恩威特公司
金　额:	2,200.00
用　途:	备用金
备　注:	

单位主管　　会计

复　　核　　记账

4. 2020 年 3 月 25 日，支付精益广告公司广告费。

4-1

山东省威海市服务业、娱乐业、文化体育业通用发票

WEIHAI SHANDONG GENERAL INVOICE FOR SERVICE INDUSTRY AND SPORT INDUSTRY

付款单位：恩威特集团公司　　　　发票代码：2371001288

PAYER　　　　INVOICE CODE

收款单位：精益广告公司　　　　发票号码：00161824

PAYEE　　　　INVOICE NO.

税务登记号：0013678526461　　　　机打票号：03

TAX REGISTRY NO.　　　　PRINTING NO.

经营项目 ITEMS OF BUSINESS	金　额 AMOUNT CHARGED
广告费	24 600.00
金额合计(大写) TOTAL IN CAPITALS	贰万肆仟陆佰元整
备　注	
机器编号：0234 RECEIVER NO.	开票日期：2020.03.25 DATE ISSUED
税控码：034644685233 ANTI-FORGERY CODE	收款单位(盖章有效) PAYEE (SEAL)

第三联　记账联　THIRD ENTRY

机打发票，手开无效　　　　收款员　003

PRINTED RECEIVER HAND WRITING INVALID　　　　RECEIVED BY

5. 2020 年 2 月 27 日，以存款支付货款。

5-1

中国工商银行转账支票存根

支票号码　0004277

科　目

对方科目

出票日期2020年2[illegible]

收款人：华伊电子材料公司
金　额：52 432.00
用　途：购材料
备　注：

单位主管　　会计

复　核　　记账

5-2

山东省增值税专用发票

开票日期：2020 年 02 月 27 日　　No. 05329872

购买方	名　　称：恩威特集团公司 纳税人识别号：371002358669234712 地 址 、电 话：山东省威海市文化路 43 号 开户行及账号：工行威海支行 12000056783	密码区	234567−432 +5489− +3−45678901*6−12−+−5/>>/ −2*435625−8++325<2345677 −765+>7

货物或应税劳务、服务名称	规格型号	单位	数量	单价	金额									税率%	税额								
					百	十	万	千	百	十	元	角	分		百	十	万	千	百	十	元	角	分
模板		张	200	60.00				1	2	0	0	0	0	13				1	5	6	0	0	0
电阻		件	4400	154.00			1	7	6	0	0	0	0					2	2	8	8	0	0
电容		件	2800	6			1	6	8	0	0	0	0					2	1	8	4	0	0
合　计						¥	4	6	4	0	0	0	0				¥	6	0	3	2	0	0

价税合计(大写)	伍万贰仟肆佰叁拾贰元整　　（小写）¥ 52 432.00

销售方	名　　称：华谊电子材料厂 纳税人识别号：371002736803217641 地 址 、电 话：威海市环翠区通化路 32 号 开户行及账号：工行威海分行 28345410	备注	华谊电子材料厂 财务专章

收款人：　　复核：　　开票人：王小宁　　销售方：（章）

第三联：发票联　购买方记账凭证

6. 2020 年 3 月 2 日，生产车间领用原材料，填制领料单。

6-1

领　料　单

领料单位：生产车间　　　　　　　　　　　　　　　　　　No. 00637

用　　途：生产　　　　　　2020 年 3 月 2 日　　　　　　发料仓库：材料 1 号库

材料类别	名称及规格	计量单位	数量		单价	金额	备注
			应收	实收			
材料类	电阻	件		3 400	4	13 600.00	
	电容	件		2 000	6	12 000.00	
合　计		贰万伍仟陆佰元整				25 600.00	

记账联

发料部门负责人：　　　　发料人：　　　　领料部门负责人：　　　　领料人：

7. 2020 年 3 月 8 日，王新报销差旅费，填制差旅费报销单。

7-1

差旅费报销单

部门：供应处　　　　　　2020 年 3 月 8 日　　　　　　附件 40 张

姓名	王新				出差地点				上海				出差事由	购材料		
起点					终点				卧票	张数	天数	金额	报销项目	单据张数	金额	备注
地点	月	日	时	车次	地点	月	日	时					火车票			
威海	3	1	3		上海	3	1	5		1	3	400	飞机票	2	810.00	
上海	3	6	3		威海	3	6	5		1	3	410	船票			
													长途汽车			
													市内汽车	36	80.00	
													住宿费	1	400.00	
													其他	1	30.00	电话费
													住勤补助		72.00	6 * 12.00
													车票补助			
													夜车补助			
合　计													合　计		1 392.00	
总计金额(大写)					壹仟叁佰玖拾贰元零角零分											

单位负责人：　　　　财务：　　　　部门负责人：　　　　报销人：王新

8. 2020 年 4 月 8 日，购入设备入库。

8-1

山东省增值税专用发票

开票日期：2020 年 04 月 08 日　　　　No. 05329872

购买方		密码区	
购买方	名　称：恩威特集团公司 纳税人识别号：371002358669234712 地 址 、电 话：山东省威海市文化路 43 号 开户行及账号：工行威海支行 12000056783	密码区	234567-432 +5489- +3-45678901*6-12-+-5/>>/ -2*435625-8++325<2345677 -765+>7

货物或应税劳务、服务名称	规格型号	单位	数量	单价	金额 百	十	万	千	百	十	元	角	分	税率%	税额 百	十	万	千	百	十	元	角	分
设备		台	1	62 000.00			6	2	0	0	0	0	0	13				8	0	6	0	0	0
合　计						¥	6	2	0	0	0	0	0				¥	8	0	6	0	0	0

价税合计（大写）	柒万零陆拾元整　　　　（小写）¥70060.00

销售方		备注	
销售方	名　称：龙华实业公司 纳税人识别号：371002631827350134 地 址 、电 话：威海市环翠区静轩路 148 号 开户行及账号：农行高区分行 3567890	备注	龙华实业公司 财务专章

收款人：　　　复核：　　　开票人：王小宁　　　销售方：（章）

第三联：发票联　购买方记账凭证

8-2

入　库　单

供货单位：龙华实业公司　　　　No. 00637

发票号码：006432　　　2020 年 4 月 8 日　　　收货仓库：材料 4 号库

材料类别	名称及规格	计量单位	数量 应收	数量 实收	单价	金额	备注
设备类	PZ7300040	1 台		1	70060	70060	
合　计		大写：柒万零陆拾元整				70060	

财务主管：　　　供应科长：　　　仓库验收：　　　采购员：

记账联

实验三

记账凭证的填制

一、实验准备

系统学习《会计基础规范》及实务操作中有关记账凭证的填制方法。

二、实验意义

记账凭证的填制和审核是会计核算的基础，作为会计人员，最重要的是掌握记账凭证的填制方法，因为记账凭证是账务处理、登记账簿、编制报表的基础。

三、实验目的

通过实验，使学生熟悉和掌握专用记账凭证的填制方法。

四、实验资料

该资料为威海恩威特集团公司 2020 年 6 月份的部分业务资料。企业概况：恩威特集团公司是一个以生产电子产品配件为主的中型企业，企业坐落在威海市文化路 43 号。

该公司纳税登记号：1378006

开户银行：工商银行威海支行

账号：12000056783

1. 原材料按实际成本计价，不设“材料采购”账户，“原材料”账户按材料品名设明细账，对发出的原材料采用移动加权平均法计价。

2. 有关“原材料”账户月初余额的资料如下：

品名	数量	单价	金额
电阻	680 件	4.4 元/件	2 992 元
电容	750 件	6.5 元/件	4 875 元

模板月初无余额。

该企业 6 月份部分资料如下页。

五、实验要求

1. 审核原始凭证并根据原始凭证填制记账凭证。
2. 进行原始凭证的粘贴、整理和记账凭证的装订。

六、实验设计

本实验需要记账凭证 45 张,实验时间大约需要 30 学时。

1. 采购员预借差旅费。

1-1

借 款 单

2020 年 6 月 1 日

单 位	借款人姓名		出差地点	用途	
供应科	李明		济南	差旅费	
借款金额	人民币(大写)壹仟贰佰元整 ¥1 200.00				
结算	年 月 日 报销 元 经办人签章				
时间	年 月 日 交现 元 收款人签章				
单位负责人	刘志涛	借款人签章	李明	财务主管	杨雪琴

2. 支付车间维修费。

2-1

中国工商银行转账支票存根

支票号码 0006103

科 目

对方科目

出票日期 2020 年 6 月 2 日

收款人:	荣华修理公司
金 额:	2090.50
用 途:	支付维修费
备 注:	

单位主管 会计

复 核 记账

2-2

山东省增值税专用发票

开票日期 2020 年 06 月 02 日 No. 0029165

购买方	名 称:恩威特集团公司 纳税人识别号:371002358669234712 地 址 、电 话:山东省威海市文化路 43 号 开户行及账号:工行威海支行 12000056783	密码区	2655926〈089+953-/ +4-16710258*8-18-+-8 />>/-6*056/802-2++293 <165678-323+>65/3165 7

货物或应税劳务、服务名称	规格型号	单位	数量	单价	金额									税率%	税额								
					百	十	万	千	百	十	元	角	分		百	十	万	千	百	十	元	角	分
*劳务*维修费		次	1	1850.00				1	8	5	0	0	0	13					2	4	0	5	0
合 计							¥	1	8	5	0	0	0					¥	2	4	0	5	0
价税合计(大写)	贰仟零玖拾元五角整 (小写)¥2090.50																						

销售方	名 称:荣华修理公司 纳税人识别号:371071137202067667 地 址 、电 话:威海高区沈阳路 523 号 开户行及账号:建行高区支行 13002235422	备注	

收款人: 复核: 开票人:郑丽 销售方:(章)

第三联:发票联 购货方记账凭证

3．缴纳税款。

3-1

工商银行电子缴税付款凭证

转账日期：2020 年 06 月 03 日　　　　　　凭证字号：18207460

纳税人全称及纳税人识别号：恩威特集团公司 371002358669234712

付款人全称：恩威特集团公司

付款人账号：12000056783　　　　征收机关名称：高区国家税务局

付款人开户银行：工行威海支行　　　　收款国库（银行）名称：国家金库高区支库

小写（合计）金额：￥7400.00　　　　缴款书交易流水号：2020060306103922

大写（合计）金额：柒仟肆佰元整　　　　税票号码：48710527

税（费）种名称	所属日期	实缴金额
增值税	20200501—20200531	7400.00

（印章：工商银行威海支行 2020年6月03日 业务专用章）

打印时间：2020 年 06 月 03 日

会计流水号：　　　　复核：　　　　记账：

××××××××××××××××印刷厂

第二联　付款回单（无银行收讫章无效）

3-2

中国工商银行转账支票存根

支票号码　0006104

科　　目

对方科目

出票日期 2020年

收款人：	工行威海支行
金　额：	7400.00
用　途：	增值税
备　注：	

（印章：恩威特集团……财务专……）

单位主管　　　会计

复　　核　　　记账

4. 购入原料。

4-1

浙江省增值税专用发票

开票日期：2020 年 06 月 03 日　　　　No. 20686781

购买方	名　　称：恩威特集团公司 纳税人识别号：371002358669234712 地 址 、电 话：山东省威海市文化路 43 号 开户行及账号：工行威海支行 12000056783	密码区	2655926（089+953-/ +4-16710258*8-18-+-8 />>/-6*056/802-2++293 <165678-323+>65/3165 7

货物或应税劳务、服务名称	规格型号	单位	数量	单价	金额 百	十	万	千	百	十	元	角	分	税率%	税额 百	十	万	千	百	十	元	角	分
电阻		件	800	4.00				3	2	0	0	0	0	13					4	1	6	0	0
电容		件	1000	6.00				6	0	0	0	0	0	13					7	8	0	0	0
合　计							¥	9	2	0	0	0	0				¥	1	1	9	6	0	0
价税合计（大写）	壹万零叁佰玖拾陆元整													（小写）¥ 10396.00									

销售方	名　　称：温州电子元件厂 纳税人识别号：330301366749123587 地 址 、电 话：浙江省温州市新开路 68 号 开户行及账号：交行新开分理处 931-63256	备注	温州电子元件厂 财务专章

收款人：　　　复核：　　　开票人：吴英　　　销售方：（章）

第三联：发票联　购货方记账凭证

4-2

中国工商银行电汇凭证（回　单）

委托日期：2020 年 06 月 03 日　　　　第 3148 号

汇款人	全称	恩威特集团公司			收款人	全称	温州电子元件厂		
	账号	工行 12000056783				账号	交行 931-63256		
	汇出地点	山东省威海市	汇出行名称	工行威海支行		汇入地点	浙江省温州市	汇入行名称	交行新开分理处

金额	人民币（大写）	百	十	万	千	百	十	元	角	分
	壹万零叁佰玖拾陆元整		¥	1	0	3	9	6	0	0

汇款用途：支付货款	
上列款项已根据委托办理，如需查询，请持此回单来行面洽	汇出行盖章　中国工商银行 威海支行 2020. 6. 3 付讫

单位主管：杨雪琴　　　会计：　　　复核：　　　记账：

此联给汇款人的回单

4-3

收　料　单

2020 年 6 月 3 日

供货户名：温州电子元件厂			发票号：00001042				仓库：									
规格	材料名称	编号	送验数量	实收数量	单位	单价	金额									
							千	百	十	万	千	百	十	元	角	分
	电阻		800	800	件	4.00					3	2	0	0	0	0
	电容		1000	1000	件	6.00					6	0	0	0	0	0
备注		验收人盖章			合计					¥	9	2	0	0	0	0

第二联 会计部门

会计：　　出纳：　　复核：　　记账：　　制单：王春光

5. 偿还材料款。

5-1

中国工商银行转账支票存根

支票号码　0006105

科　目

对方科目

出票日期2020年6月9

收款人：滨海材料厂

金　额：30000.00

用　途：偿还材料款

备　注：

威特集团财务专用章

单位主管　会计

复　核　记账

6. 收到银行收账通知。

6-1

中国工商银行进账单 （收账通知）

2020 年 6 月 4 日　　　　　　　第　　　号

收款人	全　称	恩威特集团公司	付款人	全　称	烟台仪表厂
	账　号	12000056783		账　号	51515651
	开户银行	工行威海支行		开户银行	商业银行南山支行

人民币（大写）	亿	千	百	十	万	千	百	十	元	角	分
壹拾万元整			￥	1	0	0	0	0	0	0	0

用途				中国工商银行 威海支行 2020.6.4 付讫
票据张数	一张	票据种类	汇票	
单位主管	会计	复核	记账	收款人开户银行盖章

开户银行给收款人的收账通知

7. 购进原材料。

7-1

山东省增值税专用发票

全国统一发票监制章 国家税务总局监制

开票日期：2020 年 06 月 04 日　　　　No. 06086782

购买方	名　　称：恩威特集团公司 纳税人识别号：371002358669234712 地 址 、电 话：山东省威海市文化路 43 号 开户行及账号：工行威海支行 12000056783	密码区	2655926 〈 089 + 953- +4-16710258*8-18-+ -8/>>/-6*056/802-2+ +293<165678-323+>6

货物或应税劳务、服务名称	规格型号	单位	数量	单价	金额 百	十	万	千	百	十	元	角	分	税率%	税额 百	十	万	千	百	十	元	角	分
模板		张	250	60.00			1	5	0	0	0	0	0	13				1	9	5	0	0	0
合　计						￥	1	5	0	0	0	0	0				￥	1	9	5	0	0	0
价税合计（大写）	壹万陆仟玖佰伍拾元整				（小写）￥16950.00																		

销售方	名　　称：温州电子一厂 纳税人识别号：330301386512376585 地 址 、电 话：浙江省温州市鹤项路 26 号 开户行及账号：建行鹤项分理处 9863467	备注	温州电子一厂 财务专章

收款人：　　　复核：　　　开票人：宋爱珍　　　销售方：（章）

第三联：发票联　购买方记账凭证

7-2

银行承兑汇票（存根）

签发日期　贰零贰零 年 零陆 月 零肆 日　　　　第 8 号

承兑申请人	全称	恩威特集团公司	收款人	全称	温州电子一厂
	账号	12000056783		账号	9863467
	开户银行	工行威海支行		开户银行	建行鹤顶分理处
汇票金额	人民币（大写）壹万捌仟贰佰伍拾捌元整			十 万 千 百 十 元 角 分	¥ 1 8 2 5 8 0 0
到期日	贰零贰零 年 零陆 月 零肆 日			承兑协议编号	356
				备注：	

此联出票人存查

7-3

浙江省增值税专用发票

开票日期：2020 年 06 月 04 日　　　　No. 0039401

购买方	名称：恩威特集团公司 纳税人识别号：371002358669234712 地址、电话：山东省威海市文化路 43 号 开户行及账号：工行威海支行 12000056783				密码区	2655926〈089+953- +4-16710258*8-18-+ -8/>>/-6*056/802-2+ +293<165678-323+>6																		
货物或应税劳务、服务名称	规格型号	单位	数量	单价	金额									税率%	税额									
					百	十	万	千	百	十	元	角	分		百	十	万	千	百	十	元	角	分	
*运输服务*运费		次	1	1200.00				1	2	0	0	0	0	9					1	0	8	0	0	
合计							¥	1	2	0	0	0	0					¥	1	0	8	0	0	
价税合计（大写）	壹仟叁佰零捌元整										（小写）¥ 1308.00													
销售方	名称：凤林汽运公司 纳税人识别号：330301324124789342 地址、电话：浙江省温州市鹤顶路 37 号 开户行及账号：建行鹤顶分理处 6346735				备注																			

收款人：　　　　复核：　　　　开票人：李娜　　　　销售方：（章）

第三联：发票联　购买方记账凭证

7-4

收　料　单

2020 年 6 月 5 日

供货户名：温州电子元件厂			发票号：01001058				仓库：									
规格	材料名称	编号	送验数量	实收数量	单位	单价	金额									
							千	百	十	万	千	百	十	元	角	分
	模版		250	250	张	64.80				1	6	2	0	0	0	0
备注		验收人盖章			合计				¥	1	6	2	0	0	0	0

第二联　会计部门

会计：　　出纳：　　复核：　　记账：　　制单：王春光

8. 收到欠款。

8-1

工商银行(高区分行)记账回执　　SLAB　　8229246

接受机构：401120　回单编号：　8024455　回单类型：网银系统　状态：允许打印
业务名称：网银转账　业务类型：　业务编号：　54

付款人账号：32600986736　付款人地址：天津市河东区36号
付款人名称：天津利亚厂
报文编号：　034　发报行号：　034　发报行名：　商业银行河东支行

收款人账号：12000056783　收款人地址：威海市文化路43号
收款人名称：恩威特集团公司

货币、金额：CNY 210,600.00
金额（大写）：贰拾壹万零陆佰元整

附言：
摘要：>;货款
票据日期：20200605　票据号码：　25649505
交易代码：　借贷标志：　审核柜员：　销账编号：
入账日期：　会计流水：　记账柜员：　入账机构：
打印日期：　打印机构：　打印柜员：　打印次数：

中国工商银行
威海支行
2020.6.5
付讫

注：此记账回执加盖我行业务公章后方有效。

9. 信用原料。

9-1

领　料　单

No. 48231

领料部门：生产车间　　　　2020 年 6 月 7 日　　　　发料仓库：材料仓库

材料类别	名称、规格	计量单位	数量		实际单价	金额	用途
			请领	实领			
	模板	张	125	125	64.80	8 100.00	线路板加工
	电阻	件	500	500	4.18	2 090.00	线路板加工
	电容	件	600	600	6.21	3 726.00	线路板加工
	合　计					13 916.00	

记账：　　　　发料人：　　　　领料人：王宏

10. 领用原料。

10-1

领　料　单

No. 48249

领料部门：生产车间　　　　2020 年 6 月 8 日　　　　发料仓库：材料仓库

材料类别	名称、规格	计量单位	数量		实际单价	金额	用途
			请领	实领			
	模板	张	50	50	64.80	3 240.00	仪表盘加工
	电阻	件	250	250	4.18	1 045.00	仪表盘加工
	电容	件	400	400	6.21	2 484.00	仪表盘加工
	合　计					6 769.00	

记账：　　　　发料人：　　　　领料人：王和平

11. 通过银行发放工资。

11-1

中国工商银行转账支票存根

支票号码　0006106

科　目

对方科目

出票日期 2020 年 6 月 8 日

收款人：工行威海支行
金　额：163 000.00
用　途：工资
备　注：

单位主管　　会计

复　核　　记账

12. 支付广告费。

12-1

中国工商银行转账支票存根

支票号码　0006106

科　目

对方科目

出票日期 2020年6月10日

收款人:	精益广告公司
金　额:	3816.00
用　途:	广告费
备　注:	

单位主管　　会计

复　核　　记账

（印章：恩威特……财……）

12-2

山东省增值税专用发票

（印章：全国统一发票监制章　国家税务总局监制）

开票日期：2020年06月10日　　No. 0066412

购买方　名　　称：恩威特集团公司
纳税人识别号：371002358669234712
地 址 、电 话：山东省威海市文化路43号
开户行及账号：工行威海支行 12000056783

密码区
3877998-089+953-
+4-16710258*8-18-+
-8/>>/-6*056/802-2+
+293<165678-323+>6

货物或应税劳务、服务名称	规格型号	单位	数量	单价	金额									税率%	税额								
					百	十	万	千	百	十	元	角	分		百	十	万	千	百	十	元	角	分
*广告服务*广告		次	1	3600.00				3	6	0	0	0	0	6					2	1	6	0	0
合　计							¥	3	6	0	0	0	0					¥	2	1	6	0	0
价税合计(大写)	叁仟捌佰壹拾陆元整			(小写)¥3816.00																			

销售方　名　　称：精益广告公司
纳税人识别号：371071136785264611
地 址 、电 话：山东省威海市高区大连路77号
开户行及账号：建行大连路支行 7685421

备注　（印章：精益广告公司　财务专章）

收款人：　　复核：　　开票人：张宏　　销售方：(章)

第三联：发票联　购买方记账凭证

13. 销售产品。

13-1

山东省增值税专用发票

开票日期：2020 年 06 月 10 日　　　　No. 0077661

购买方	名　　称：烟台仪表厂 纳税人识别号：370601123003298933 地 址 、电 话：山东省烟台市南山路 52 号 开户行及账号：商行南山支行 51515651	密码区：5877553-089+967- +4-16341258*8-18-+ -8/>>/-6*056/811-2+ +293<165678-312+>8

货物或应税劳务、服务名称	规格型号	单位	数量	单价	金额 百	十	万	千	百	十	元	角	分	税率%	税额 百	十	万	千	百	十	元	角	分
线路板		套	1600	130.00		2	0	8	0	0	0	0	0	13			2	7	0	4	0	0	0
仪表盘		套	1600	110.00		1	7	6	0	0	0	0	0	13			2	2	8	8	0	0	0
合　计					¥	3	8	4	0	0	0	0	0			¥	4	9	9	2	0	0	0

价税合计（大写）	肆拾叁万叁仟玖佰贰拾元整	（小写）¥433920.00
销售方	名　　称：恩威特集团公司 纳税人识别号：371002358669234712 地 址 、电 话：山东省威海市文化路 43 号 开户行及账号：工行威海支行 12000056783	备注：（恩威特集团公司 财务专章）

收款人：　　　复核：　　　开票人：卢凤菊　　　销售方：（章）

第一联：记账联　销售方记账凭证

13-2

中国工商银行托收承付结算凭证　（回单）

委托日期：　2020　年　6　月　10　日

收款单位	全　　称	恩威特集团公司	付款单位	全　　称	烟台仪表厂
	账　　户	12000056783		账　　户	515155651
	开户银行	工商银行威海支行		开户银行	商业银行南山支行

托收金额	人民币（大写）	百	十	万	千	百	十	元	角	分
	肆拾叁万叁仟玖佰贰拾元整	¥	4	3	3	9	2	0	0	0

附件		商品发运情况	合同名称号码 01-1264
附寄单证张数或册数：2		已发运　NO：011009	
备注	验单付款	款项收妥日期 2020 年 06 月 10 日	（中国工商银行 威海支行 2020.6.10 托收）（收款单位开户行盖章）

此联给收款人回单

14. 提现金。

14-1

中国工商银行现金支票存根

支票号码II0031069

科　　目

对方科目

出票日期2020年6月11日

收款人：	恩威特集团公司
金　额：	3000.00
用　途：	备用金
备　注：	

单位主管　　　会计

复　　核　　　记账

15. 购原材料。

15-1

浙江省增值税专用发票

开票日期：2020年06月13日　　　　No. 06086799

购买方　名称：恩威特集团公司
纳税人识别号：371002358669234712
地址、电话：山东省威海市文化路43号
开户行及账号：工行威海支行 12000056783

密码区：3589926 〈089+953-
+4-13210358*8-17-+
-8/>>/-6*056/802-2+
+493<165678-323+>5

货物或应税劳务、服务名称	规格型号	单位	数量	单价	金额									税率%	税额								
					百	十	万	千	百	十	元	角	分		百	十	万	千	百	十	元	角	分
电阻		件	2000	4.50				9	0	0	0	0	0	13				1	1	7	0	0	0
电容		件	1000	7.00				7	0	0	0	0	0	13					9	1	0	0	0
合　计						¥	1	6	0	0	0	0	0				¥	2	0	8	0	0	0

价税合计（大写）：壹万捌仟零捌拾元整　　（小写）¥18080.00

销售方　名称：温州电子一厂
纳税人识别号：330301386512376585
地址、电话：浙江省温州市鹤顶路26号
开户行及账号：建行鹤顶分理处 9863467

备注：温州电子一厂 财务专章

收款人：　　复核：　　开票人：宋爱珍　　销售方：（章）

第三联：发票联　购买方记账凭证

15-2

收　料　单

供货单位：温州电子一厂　　　　　　　　　　　　　　　　　　　　　凭证编号：
发票号码：670943　　　　　　2020 年 6 月 13 日　　　　　　　　　收料仓库：

材料编号	材料名称	规格	计量单位	数量		价格	
				应收	实收	单价	金额
	电阻		件	2000	2000	4.50	9 000.00
	电容		件	1000	1000	7.00	7 000.00
备注：						合计	16 000.00

第二联　财务记账

仓库负责人：　　　　记账：　　　　仓库保管：　　　　收料：张强

15-3

中国工商银行电汇凭证（回　单）

委托日期：2020 年 6 月 13 日　　　　　　　　第 3151 号

汇款人	全称	惠威特集团公司		收款人	全称	温州电子一厂		
	账号	工行 12000056783			账号	建行 9863467		
	汇出地点	山东省威海市	汇出行名称：威海支行		汇入地点	浙江省温州市	汇入行名称	建行鹤顶分理处
金额	人民币（大写）	壹万捌仟零捌拾元整					十万千百十元角分	¥ 1 8 0 8 0 0 0
汇款用途：支付货款								
上列款项已根据委托办理，如需查询，请持此回单来行面洽				汇出行盖章　2020 年 6 月 13 日				
单位主管：杨雪琴	会计：	复核：		记账：				

此联给汇款人的回单

中国工商银行 威海支行 2020.6.13 付讫

16. 购进原材料。

16-1

广东省增值税专用发票

开票日期：2020年06月13日　　　　No. 06086745

购买方	名　　称：恩威特集团公司 纳税人识别号：371002358669234712 地 址 、电 话：山东省威海市文化路43号 开户行及账号：工行威海支行 12000056783	密码区	3589926〈089+953− +4−13210358*8−17−+ −8/>>/−6*056/802−2+ +493<165678−323+>5

货物或应税劳务、服务名称	规格型号	单位	数量	单价	金额 百	十	万	千	百	十	元	角	分	税率%	税额 百	十	万	千	百	十	元	角	分
模板		张	500	58.00			2	9	0	0	0	0	0	13				3	7	7	0	0	0
合　　计						¥	2	9	0	0	0	0	0				¥	3	7	7	0	0	0

价税合计（大写）	叁万贰仟柒佰柒拾元整　　　　（小写）¥32770.00

销售方		备注	
销售方	名　　称：深圳电子材料厂 纳税人识别号：440301230007658434 地 址 、电 话：广东省深圳市云南路268号 开户行及账号：中行云南路分理处 8966438	备注	

收款人：　　　　复核：　　　　开票人：王丽　　　　销售方：（章）

第三联：发票联　购买方记账凭证

16-2

银行承兑汇票 （存根）

签发日期　贰零贰零 年 零陆 月 壹拾伍 日　　　　第 12 号

承兑申请人		收款人	
全称	恩威特集团公司	全称	深圳电子材料厂
账号	12000056783	账号	8966438
开户银行	工行威海支行	开户银行	中行云南路分理处

汇票金额	人民币（大写）叁万叁仟陆佰肆拾贰元整	十	万	千	百	十	元	角	分
		¥	3	3	6	4	2	0	0

到期日	贰零贰零 年 零玖 月 壹拾伍 日	承兑协议编号	438
		备注：	

此联出票人存查

16-3

收　料　单

供货单位：深圳电子材料厂　　　　　　　　　　　　　　　　　　凭证编号：
发票号码：01002678　　　　　2020 年 6 月 15 日　　　　　　　收料仓库：

材料编号	材料名称	规格	计量单位	数量		价格	
				应收	实收	单价	金额
	模板		张	500	500	59.60	29 800.00
备注：						合计	29 800.00

仓库负责人：　　　记账：　　　仓库保管：吴和平　　　收料：吴和平

第二联　财务记账

16-4

广东省增值税专用发票

开票日期：2020 年 06 月 13 日　　　　No. 0039401

购买方
名　　称：恩威特集团公司
纳税人识别号：371002358669234712
地 址 、电 话：山东省威海市文化路 43 号
开户行及账号：工行威海支行 12000056783

密码区：33357846 (08+952- +4-16710258*8-18-+- 8/>>/-6*077/802- 1++293<165328- 323+>3

货物或应税劳务、服务名称	规格型号	单位	数量	单价	金额 百	十	万	千	百	十	元	角	分	税率%	税额 百	十	万	千	百	十	元	角	分
＊运输服务＊运费		次	1	800.00					8	0	0	0	0	9						7	2	0	0
合　计									¥8	0	0	0	0						¥	7	2	0	0

价税合计（大写）捌佰柒拾贰元整　　　　（小写）¥872.00

销售方
名　　称：深圳铁路分局
纳税人识别号：440301224567502241
地 址 、电 话：广东省深圳市福中路 88 号
开户行及账号：交行福中分理处 7689341

备注：（印章：深圳铁路分局 财务专章）

收款人：　　　复核：　　　开票人：王霞　　　销售方：（章）

第三联：发票联　购买方记账凭证

17. 购办公用品。

17-1

山东省增值税专用发票

开票日期：2020 年 06 月 15 日　　　　No. 0066412

购买方	名　　称：恩威特集团公司 纳税人识别号：371002358669234712 地 址 、电 话：山东省威海市文化路 43 号 开户行及账号：工行威海支行 12000056783	密码区	4573998-083+ 5673- +4-16710258*8-15-+ -8/>>/-6*056/812-2+ +293<165678-356+>8

货物或应税劳务、服务名称	规格型号	单位	数量	单价	金额									税率%	税额								
					百	十	万	千	百	十	元	角	分		百	十	万	千	百	十	元	角	分
钢笔		支	7	40.00					2	8	0	0	0	13						3	6	4	0
合　　计								¥	2	8	0	0	0						¥	3	6	4	0
价税合计(大写)	叁佰壹拾陆元肆角整														(小写)¥316.40								

销售方	名　　称：威海兰花办公用品公司 纳税人识别号：371071156585344226 地 址 、电 话：山东省威海市高区文化路 123 号 开户行及账号：商行文化路支行 3426783	备注	兰花办公用品公司 财务专章

收款人：　　　复核：　　　开票人：李晓红　　　销售方：(章)

第三联：发票联　购买方记账凭证

18. 销售产品。

18-1

山东省增值税专用发票

开票日期：2020 年 06 月 17 日　　　　No. 0077662

购买方	名　　称：天津利亚厂 纳税人识别号：120000567098234453 地 址 、电 话：天津市河东路 36 号 开户行及账号：商行河东支行 32600986736	密码区	4366553-067+ 982- +4-16341258*8-18-+ -8/>>/-6*136/811-2+ +293<165148-312+>4

货物或应税劳务、服务名称	规格型号	单位	数量	单价	金额									税率%	税额								
					百	十	万	千	百	十	元	角	分		百	十	万	千	百	十	元	角	分
线路板		套	1800	135.00		2	4	3	0	0	0	0	0	13			3	1	5	9	0	0	0
仪表盘		套	1500	125.00		1	8	7	5	0	0	0	0	13			2	4	3	7	5	0	0
合　　计					¥	4	3	0	5	0	0	0	0			¥	5	5	9	6	5	0	0
价税合计(大写)	肆拾捌万陆仟肆佰陆拾伍元整														(小写)¥486465.00								

销售方	名　　称：恩威特集团公司 纳税人识别号：371002358669234712 地 址 、电 话：山东省威海市文化路 43 号 开户行及账号：工行威海支行 12000056783	备注	恩威特集团公司 财务专章

收款人：　　　复核：　　　开票人：卢凤菊　　　销售方：(章)

第一联：记账联　销售方记账凭证

18-2

中国工商银行托收承付结算凭证　（回单）

委托日期：2020 年 06 月 17 日

收款单位	全　称	恩威特集团公司	付款单位	全　称	天津利亚厂
	账　户	12000056783		账　户	32600986736
	开户银行	工商银行威海支行		开户银行	商业银行河东区支行

托收金额	人民币（大写）	肆拾捌万陆仟肆佰陆拾伍元整	百	十	万	千	百	十	元	角	分
			¥	4	8	6	4	6	5	0	0

附件		商品发运情况	合同名称号码
附寄单证张数或册数：2		已发运　NO.：012025	03-1538
备注	验单付款	款项收妥日期　年　月　日	中国工商银行 威海支行 2020.6.17 托收（收款单位开户行盖章）

此联作收款人开户银行给收款人的受理回单

19. 销售材料。

19-1

山东省增值税专用发票

全国统一发票监制章 国家税务总局监制

开票日期：2020 年 06 月 19 日　　　　No. 06086788

购买方	名　　称：威海利华电器厂 纳税人识别号：371002651689014357 地 址 、电 话：威海市文化路 58 号 开户行及账号：商行环翠支行 3500024	密码区	6677553-089+967- +4-16341258*8-18-+ -8/>>/-6*058/811-2+ +293<165692-312+>3

货物或应税劳务、服务名称	规格型号	单位	数量	单价	金额 百	十	万	千	百	十	元	角	分	税率%	税额 百	十	万	千	百	十	元	角	分
电阻		件	1500	5.00				7	5	0	0	0	0	13					9	7	5	0	0
合　计							¥	7	5	0	0	0	0					¥	9	7	5	0	0

价税合计（大写）	捌仟肆佰柒拾伍元整	（小写）¥8475.00

销售方	名　　称：恩威特集团公司 纳税人识别号：371002358669234712 地 址 、电 话：山东省威海市文化路 43 号 开户行及账号：工行威海支行 12000056783	备注	恩威特集团公司 财务专章

收款人：　　　复核：　　　开票人：卢凤菊　　　销售方：（章）

第一联：记账联　销售方记账凭证

19-2

中国工商银行进账单　（收账通知）

2020 年 6 月 19 日　　　　第　　　号

收款人	全　称	恩威特集团公司	付款人	全　称	威海利华电器厂
	账　号	1200056783		账　号	3500024
	开户银行	工行威海支行		开户银行	商业银行环翠支行

人民币（大写）	万	千	百	十	元	角	分
捌仟肆佰柒拾伍元整	¥	8	4	7	5	0	0

用途				中国工商银行 威海支行 2020.6.19 收讫
票据张数	一张	票据种类	汇票	
单位主管	会计	复核	记账	收款人开户银行盖章

开户银行给收款人的收账通知

20. 领用原材料。

20-1

领　料　单

No. 7239467

领用部门：生产车间　　　　2020 年 6 月 20 日　　　　发料仓库：

名称规格	计量单位	数量		实际单价	金额	用途
		请领	实领			
模板	张	100	100	60.28	6 028.00	线路板
电阻	件	300	300	4.42	1 326.00	线路板
电容	件	400	400	6.67	2 668.00	线路板
合　计					10 022.00	

记账：　　　　发料人：　　　　领料人：王和平

21. 收到存款利息。

21-1

中国工商银行存款利息通知单　传票编号　1

账号：12000056783　　2020 年 6 月 21 日　　对方科目

户名	计息期	积数											月利率‰	利息金额								
		亿	千	百	十	万	千	百	十	元	角	分		百	十	万	千	百	十	元	角	分
恩威特集团公司	2020 年 3 月 21 日起 2020 年 6 月 20 日止	¥	8	4	0	0	0	0	0	0	0	0	1.65			¥	4	6	2	0	0	0
人民币（大写）　肆仟陆佰贰拾元整																						
														上列存款利息已如数收入你单位账中（银行盖章） 中国工商银行 2020.6.21 收讫								

此联送单位作收账通知

22. 报销差旅费。

22-1

差旅费报销单

报销日期：2020 年 6 月 24 日

部门	业务部		出差人		李明		出差事由		学习				
出发			到达			单据张数	车船费	住宿费			其他费用		
月	日	地点	月	日	地点			天数	标准	金额	项目	单据	金额
6	20	威海	6	20	济南	1	184.00	4		480.00	市内车费		
6	24	济南	6	24	威海	1	184.00				其他费用	15	214.00
合　计							368.00			480.00			214.00
经审核后报销金额			人民币（大写）			壹仟零陆拾贰元整				¥1062.00			

主管：　　审核：　　报销人：李明

22-2

收款收据

2020 年 6 月 24 日　　　　第 78 号

今收到　李明					
人民币(大写)　壹佰零玖元贰角整				￥109.20	
事由：收回差旅费余款				现金　√ 支票第　　　号	
收款单位		财务主管	杨雪琴	收款人	王芳

第三联　收据

22-3

山东省增值税专用发票

开票日期：2020 年 06 月 20 日　　　　No. 14283455

购买方	名称：恩威特集团公司 纳税人识别号：371002358669234712 地址、电话：山东省威海市文化路 43 号 开户行及账号：工行威海支行 12000056783	密码区	654498-089 + 951- +4-12213258*8-14-+ -8/>>/-6*056/804-2+ +293<165635-323+>5

货物或应税劳务、服务名称	规格型号	单位	数量	单价	金额 百	十	万	千	百	十	元	角	分	税率%	税额 百	十	万	千	百	十	元	角	分
*住宿服务*住宿费		天	4	120.00					4	8	0	0	0	6						2	8	8	0
合　计								￥	4	8	0	0	0						￥	2	8	8	0

价税合计(大写)　伍佰零捌元捌角整　　(小写)￥508.80

销售方	名称：山东鲁能招待所 纳税人识别号：370102135463264538 地址、电话：山东省济南市历下区解放路 32 号 开户行及账号：建行解放路支行 8796453	备注	

收款人：　　　复核：　　　开票人：王一凡　　　销售方：(章)

第二联：发票联　购买方记账凭证

22-4

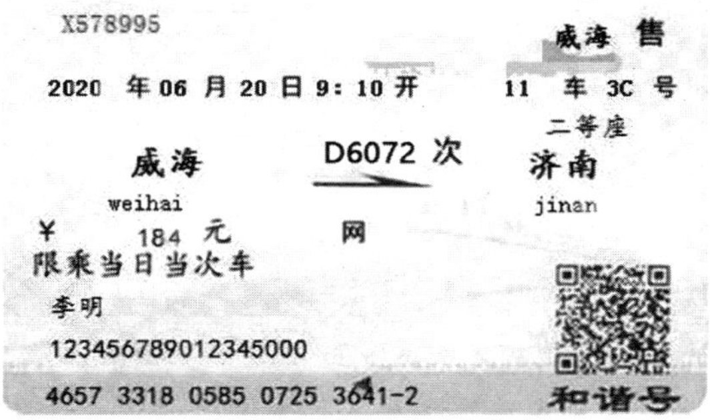

22-5

23. 收到烟台仪表厂的货款。

23-1

中国工商银行托收承付结算凭证（收账通知）

委托日期：2020 年 6 月 10 日

收款单位	全称	恩威特集团公司	付款单位	全称	烟台仪表厂
	账户	12000056783		账户	515155651
	开户银行	工商银行威海支行		开户银行	商业银行南山支行

托收金额	人民币（大写）	百	十	万	千	百	十	元	角	分
	肆拾叁万叁仟玖佰贰拾元整	¥	4	3	3	9	2	0	0	0

附件		商品发运情况	合同名称号码
附寄单证张数或册数：2		已发运　NO.：011009	01-1264
备注	验单付款	款项收妥日期 2020 年 6 月 25 日	中国工商银行威海支行 2020.6.25 收讫（收款单位开户行盖章）

此联给收款人收账通知

24. 付电话费。

24-1

山东省增值税专用发票

开票日期：2020 年 06 月 26 日　　　　No. 1800669

购买方	名　　称：恩威特集团公司 纳税人识别号：371002358669234712 地 址 、电 话：山东省威海市文化路 43 号 开户行及账号：工行威海支行 12000056783												密码区	332498-089 + 911- +3-12213258*8-14-+ -8/>>/-6*056/804-2+ +291<165634-326+>7									
货物或应税劳务、服务名称	规格型号	单位	数量	单价	金额 百	十	万	千	百	十	元	角	分	税率%	税额 百	十	万	千	百	十	元	角	分
*电信服务*通信服务费		次	1	2369.00				2	3	6	9	0	0	6					1	4	2	1	4
合　计							¥	2	3	6	9	0	0					¥	1	4	2	1	4
价税合计(大写)	贰仟伍佰壹拾壹元壹角肆分　　（小写）¥ 2511.14																						
销售方	名　　称：山东通信公司威海分公司 纳税人识别号：371002133768975455 地 址 、电 话：山东省威海市环翠区文化东路 28 号 开户行及账号：商行文化东路支行 3475213												备注	山东通信公司威海分公司 财务专章									

收款人：　　　　复核：　　　　开票人：张文强　　　　销售方：（章）

第三联：发票联　购买方记账凭证

24-2

中国工商银行转账支票存根

支票号码　0006107

科　　目

对方科目

出票日期 2020 年 6 月 26 日

收款人：	山东通信公司威海分公司
金　额：	2511.14
用　途：	电话费
备　注：	

单位主管　　　会计

复　　核　　　记账

25. 支付装卸费。

25-1

山东省增值税专用发票

开票日期：2020 年 06 月 27 日　　　　No. 1798669

购买方	名　　称：恩威特集团公司 纳税人识别号：371002358669234712 地 址 、电 话：山东省威海市文化路 43 号 开户行及账号：工行威海支行 12000056783	密码区	596498-066+903- +3-13313253*8-14-+ -8/>>/-6*053804-2+ +291<165677-326+>8

货物或应税劳务、服务名称	规格型号	单位	数量	单价	金额	税率%	税额
*运输服务*运输服务费		次	1	5800.00	580000	9	52200
合　计					¥580000		¥52200
价税合计(大写)	陆仟叁佰贰拾贰元整				(小写)¥6322.00		

销售方	名　　称：荣放装卸公司 纳税人识别号：371071135788623541 地 址 、电 话：山东省威海市高区文化西路 56 号 开户行及账号：商行文化西路支行 3722346	备注	荣放装卸公司 财务专章

收款人：　　复核：　　开票人：张文强　　销售方：(章)

第三联：发票联　购买方记账凭证

25-2

中国工商银行转账支票存根

支票号码　0006108

科　目

对方科目

出票日期 2020 年 6 月 27 日

收款人：	荣放装卸公司
金　额：	6322.00
用　途：	装卸费
备　注：	

单位主管　　会计

复　核　　记账

26. 6 月 27 日报销招待费。

26-1

山东省增值税专用发票

全国统一发票监制章 国家税务总局监制

开票日期：2020 年 06 月 25 日　　　　No. 237100803644

购买方	名　　称：恩威特集团公司 纳税人识别号：371002358669234712 地 址 、电 话：山东省威海市文化路 43 号 开户行及账号：工行威海支行 12000056783	密码区	568494-062 + 101- +3-43313251*8-15-+ -8/>>/-6*053904-2+ +291<165677-329+>9

货物或应税劳务、服务名称	规格型号	单位	数量	单价	金额									税率%	税额								
					百	十	万	千	百	十	元	角	分		百	十	万	千	百	十	元	角	分
*餐饮服务*餐费		次	1	2820.00				2	8	2	0	0	0	6					1	6	9	2	0
合　计							¥	2	8	2	0	0	0					¥	1	6	9	2	0

价税合计（大写）	贰仟玖佰捌拾玖元贰角整　　（小写）¥2989.20

销售方	名　　称：净雅餐饮股份公司 纳税人识别号：371071377574613359 地 址 、电 话：山东省威海市高区古寨东路附 2 号 开户行及账号：商行古寨东路支行 3697845	备注	净雅餐饮股份公司 财务专章

收款人：　　　　复核：　　　　开票人：丛林　　　　销售方：（章）

第三联：发票联　购买方记账凭证

27. 付水费、电费。

27-1

电费、水费分配汇总表

2020 年 6 月 27 日

车间及产品	电费			水费			备注
	耗用量	单价	金额	耗用量	单价	金额	
生产车间			4 950.00			1 200.00	
行政部门			650.00			425.00	
合计			5 600.00			1 625.00	

27-2

中国工商银行转账支票存根

支票号码　0006109

科　目

对方科目

出票日期2020年6月27日

收款人：	电力公司
金　额：	5 600.00
用　途：	电费
备　注：	

单位主管　　会计

复　核　　记账

27-3

中国工商银行转账支票存根

支票号码　0006110

科　目

对方科目

出票日期2020年6月27日

收款人：	自来水公司
金　额：	1 625.00
用　途：	水费
备　注：	

单位主管　　会计

复　核　　记账

27-4

山东省增值税专用发票

开票日期：2020年06月27日　　No. 237100803644

购买方	名　称：恩威特集团公司 纳税人识别号：371002358669234712 地址、电话：山东省威海市文化路43号 开户行及账号：工行威海支行12000056783	密码区	568494-062 + 101- +3-43313251*8-15-+ -8/>>/-6*053904-2+ +291<165677-329+>9

货物或应税劳务、服务名称	规格型号	单位	数量	单价	金额 百	十	万	千	百	十	元	角	分	税率%	税额 百	十	万	千	百	十	元	角	分
*电力热力水燃气*电费		度	5600	1.00				5	6	0	0	0	0	9					5	0	4	0	0
合　计							¥	5	6	0	0	0	0					¥	5	0	4	0	0

价税合计（大写）　陆仟壹佰零肆元整　　（小写）¥6104.00

销售方	名　称：威海电力集团有限公司 纳税人识别号：371071334566837728 地址、电话：山东省威海市高区沈阳路44号 开户行及账号：农行沈阳路支行3479944	备注	

收款人：　　复核：　　开票人：冷菲　　销售方：（章）

第三联：发票联　购买方记账凭证

27－5

山东省增值税专用发票

开票日期：2020 年 06 月 27 日　　　　No. 237100803644

购买方	名　　称：恩威特集团公司 纳税人识别号：371002358669234712 地 址 、电 话：山东省威海市文化路 43 号 开户行及账号：工行威海支行 12000056783	密码区	568494－062＋101－ ＋3－43313251*8－15－＋ －8/>>/－6*053904－2＋ ＋291<165677－329＋>9

货物或应税劳务、服务名称	规格型号	单位	数量	单价	金额									税率%	税额								
					百	十	万	千	百	十	元	角	分		百	十	万	千	百	十	元	角	分
*电力热力水燃气*水费		吨	650	2.50				1	6	2	5	0	0	9					1	4	6	2	5
合　计							¥	1	6	2	5	0	0					¥	1	4	6	2	5

价税合计（大写）	壹仟柒佰柒拾壹元贰角伍分	（小写）¥1771.25

销售方	名　　称：威海市自来水公司 纳税人识别号：371071359127564421 地 址 、电 话：山东省威海市高区沈阳路 56 号 开户行及账号：农行沈阳路支行 3337962	备注	威海市自来水公司 财务专章

收款人：　　　　复核：　　　　开票人：王佳盈　　　　销售方：（章）

第三联：发票联　购买方记账凭证

27－6

2020 年 06 月份电费明细单

客户名称	恩威特集团公司	电话号码	5219043	户号	1705459736
客户地址	文化路 43 号			营业区	市区、客户服务中心

月用电量	电价（元/千瓦时）		电费	电表起止码	
5600 千瓦时	1.00		5 600.00	起码 55045　止码 60645	
累计欠费（含本月）	0	抄表时间	2020.06.26	抄表员	綦丹

缴费时间：抄表七日内，逾期加收电费违约金，每日电费违约金按欠费总额的千分之一计算，违约金不足壹元，按壹元收取。

27-7

2020 年 06 月份水费明细表

客户名称	恩威特集团公司	电话号码	5219043
客户地址	文化路 43 号		户号：0027862
月用水量	单价(元/吨)	水费	水表起止码
650 吨	2.50	1 625.00	起码 3608　止码 4258
抄表时间	2020.06.25	抄表员	王晓毅

28. 交房租。

28-1

山东省增值税专用发票

开票日期：2020 年 06 月 28 日　　　　No. 237100103167

购买方	名　　称：恩威特集团公司 纳税人识别号：371002358669234712 地 址 、电 话：山东省威海市文化路 43 号 开户行及账号：工行威海支行 12000056783	密码区	568493-067 + 101- +3-43923251*8-17-+ -8/>>/-6*0673904-2+ +891<165477-327+>7

货物或应税劳务、服务名称	规格型号	单位	数量	单价	金额 百	十	万	千	百	十	元	角	分	税率%	税额 百	十	万	千	百	十	元	角	分
*经营租赁*租金		月	6	5000.00			3	0	0	0	0	0	0	9				2	7	0	0	0	0
合　　计						¥	3	0	0	0	0	0	0				¥	2	7	0	0	0	0

价税合计(大写)	叁万贰仟柒佰元整		(小写)¥ 32700.00
销售方	名　　称：威海威盛公司 纳税人识别号：371002337037565318 地 址 、电 话：山东省威海市环翠区统一路 18 号 开户行及账号：工商银行统一路支行 3567238	备注	威海威盛公司 财务专章

收款人：　　　复核：　　　开票人：王浩　　　销售方：(章)

第三联：发票联　购买方记账凭证

28-2

中国工商银行转账支票存根

支票号码　0006111

科　目

对方科目

出票日期2020年6月28日

收款人：威海威盛公司	
金　额：32700.00	
用　途：房租	
备　注：	

单位主管　　会计

复　核　　记账

29. 向银行借款。

29-1

中国工商银行威海支行借款凭证　（回单）

传票编号：6

转账日期　　2020年6月28日　　对方科目

<table>
<tr><td>借款单位名称</td><td>恩威特集团公司</td><td>放款账号</td><td>9154-12</td><td>往来账号</td><td colspan="9">8543000901</td></tr>
<tr><td rowspan="2">借款金额</td><td colspan="4" rowspan="2">人民币（大写）　壹拾万元整</td><td>百</td><td>十</td><td>万</td><td>千</td><td>百</td><td>十</td><td>元</td><td>角</td><td>分</td></tr>
<tr><td>¥</td><td>1</td><td>0</td><td>0</td><td>0</td><td>0</td><td>0</td><td>0</td><td>0</td></tr>
<tr><td rowspan="2">用途</td><td rowspan="2">生产周转</td><td colspan="3">单位提出期限自 2020 年 6 月 29 日至 2020 年 9 月 29 日止</td><td rowspan="2">利率</td><td colspan="8" rowspan="2">3.75%</td></tr>
<tr><td colspan="3">银行核定期限自 2020 年 6 月 30 日至 2020 年 9 月 30 日止</td></tr>
<tr><td colspan="3">上列款项已入你方单位往来户内
此致
单位　　银行盖章
中国工商银行威海支行 2020.6.28 收讫</td><td colspan="11">单位会计分录：</td></tr>
</table>

分次偿还纪录	日期		偿还金额										未还金额										分次偿还计划	日期		金额									
	月	日	千	百	十	万	千	百	十	元	角	分	千	百	十	万	千	百	十	元	角	分		月	日	千	百	十	万	千	百	十	元	角	分

此联交借款单位记账用

30. 付贷款利息。

30-1

中国工商银行威海支行　**贷款利息通知单**

户名：恩威特集团公司　　　　　　　　　　　　　　　　　　　　1号

账号	计息期	积数											利率%	利息金额									
		亿	千	百	十	万	千	百	十	元	角	分		千	百	十	万	千	百	十	元	角	分
12000056783	2020年3月31日起 2020年6月30日止	1	1	0	1	6	0	0	0	0	0	0	4.95	¥	1	3	7	8	3	7	7	0	0
大写人民币：壹万伍仟壹佰肆拾柒元整																							
该利息为(117)短期贷款	上列款项已从你单位往来户如数支付 银行盖章　2020年6月30日																						

中国工商银行 威海支行 2020.6.30 付讫

此联交贷款单位记账用

31. 摊提本月负担的费用。

31-1

费用计算表

2020 年 6 月 30 日

项目	本月摊销金额	项目	本月预提金额
报刊费	200.00		
财产保险费	1 600.00		
合　计	1 800.00	合　计	

主管：　　　　　　　　审核：　　　　　　　　制表：张明

31-2

费用计算表

2020 年 6 月 30 日

项目	本月摊销金额	项目	本月预提金额
		借款利息	1 200.00
合　计		合　计	1 200.00

主管：　　　　　　　　审核：　　　　　　　　制表：张明

32. 分配工资。

32-1

工资费用分配汇总表

2020 年 6 月 30 日

车间、部门		应分配金额
车间生产	仪表盘负担	72 300.00
	线路板负担	53 700.00
人员工资	车间管理人员工资	12 000.00
	厂部管理人员工资	25 000.00
合　计		163 000.00

主管：　　审核：　　制表：张明

33. 计提福利费。

33-1

福利费计提汇总表

2020 年 6 月 30 日

车间或部门＼应借科目		生产成本	制造费用	管理费用	合计
基本车间	仪表盘	10 122.00			10 122.00
	线路板	7 518.00			7 518.00
车间管理部门			1 680.00		1 680.00
行政管理部门				3 500.00	3 500.00
合　计		17 640.00	1 680.00	3 500.00	22 820.00

34. 计算本月折旧额。

34-1

固定资产折旧计算表

2020 年 6 月 30 日

使用单位	上月固定资产折旧额	上月增加固定资产应提折旧额	上月减少固定资产应提折旧额	本月应提的折旧额
生产车间	3 800.00	100.00		3 900.00
厂部	2 900.00		300.00	2 600.00
合　计	6 700.00	100.00	300.00	6 500.00

会计主管：　　复核：　　制表：张明

35. 分配结转本月制造费用。

35-1

制造费用分配表

车间名称：生产车间　　　　2020 年 6 月 30 日

分配对象	分配标准(按工人工资)	分配率	分配金额
仪表盘	72 300.00		14 460.00
线路板	53 700.00		10 740.00
合　计	126 000.00	0.2	25 200.00

会计主管：　　　　复核：　　　　制表：张明

36. 结转完工产品成本。

36-1

完工产品成本计算表

2020 年 6 月 30 日

成本项目	线路板(1 400 件)		仪表盘(1 500 件)	
	总成本	单位成本	总成本	单位成本
直接材料	23 938		6 769.00	
直接人工	61 218.00		82 422.00	
其他直接支出				
制造费用	10 740.00		14 460.00	
合　计	95 896.00	68.77	103 651.00	69.10

会计主管：　　　　复核：　　　　制表：张明

37-1

材料出库单

2020 年 6 月 30 日

名称及规格	单位	单价	数量	金额	备注
电阻	件	4.42	1 500	6 630.00	
合　计			1 500	6 630.00	

记账：　　　　制单：　　　　保管员：

38. 结转已售产品成本。

38-1

产品出库单

2020 年 6 月 30 日

名称及规格	单位	单价	数量	金额	备注
线路板	件	68.77	3 400	233 818.00	
仪表盘	件	69.10	3 100	214 210.00	
合　计				448 028.00	

记账：　　　　制单：　　　　保管员：

39. 计算应交城建税及教育费附加。

39-1

应交城建税及附加费计算表

2020 年 6 月 30 日

项目	计税金额	税率	本月应交数
应交城市维护建设税	92 978.71	7%	6 508.51
应交教育费附加	92 978.71	3%	2 789.36
合　计	92 978.71		9 297.87

会计主管：　　　　复核：　　　　制表：张明

实验四

记账凭证的审核

一、实验准备

系统学习《会计基础规范》中记账凭证的填制方法和审核内容。

二、实验意义

学会编制记账凭证，只是具备了会计工作的基本能力，为了确保账簿、报表正确，必须对编制完的记账凭证进行审核。

三、实验目的

通过本实验，使学生掌握记账凭证的审核内容和方法。

四、实验资料

见下页。

五、实验要求

对上述记账凭证进行审核，指出存在的问题。

六、实验设计

1. 应审核原始凭证与记账凭证是否相符，会计科目的名称、方向、金额是否正确。
2. 说明记账凭证审核的意义。
3. 本实验大约需要 6 学时。

1. 2020 年 2 月 10 日存入现金 30 000 元。

1-1

收 款 凭 证

总　字 95 号

借方科目：银行存款　　　　2020 年 2 月 10 日　　　　银收字 12 号

摘　要	贷方科目		金　额									记账
	总账科目	明细科目	百	十	万	千	百	十	元	角	分	
存入现金	库存现金				3	0	0	0	0	0	0	
合　计　金　额				¥	3	0	0	0	0	0	0	

附件 1 张

会计主管：　　记账：　　稽核：　　出纳：　　制单：

1-2

中国工商银行　现金缴款单（回单）　①

科目：　　2020 年 2 月 10 日　　对方科目：　　No. 00121

缴款单位				
	全称	惠威特集团公司	款项来源	零星销售收入
	账号	12000056783	交款部门	客户

人民币（大写）	千	百	十	万	千	百	十	元	角	分
叁万元整			¥	3	0	0	0	0	0	0

券别	张数	百	十	万	千	百	十	元	券别	张数	万	千	百	十	元	角	分
一百元	250			2	5	0	0	0	一元								
五十元	90				4	5	0	0	五角								
十元	50					5	0	0	二角								
五元									一角								
二元									分币								

上列款项已如数收妥入账

工商银行威海市营业部　2020. 2. 10　收讫

（收款银行盖章）

经手人　陈锐

2. 2020 年 2 月 21 日，支取现金 6 000 元备用。

2-1

收 款 凭 证

总　字 115 号

借方科目：库存现金　　　　2020 年 2 月 21 日　　　　现收字 11 号

摘　要	贷方科目		金　额									记账
	总账科目	明细科目	百	十	万	千	百	十	元	角	分	
提取现金	银行存款	工行户				6	0	0	0	0	0	
合　计　金　额					¥	6	0	0	0	0	0	

附件 1 张

会计主管：　　　记账：　　　稽核：　　　出纳：　　　制单：

2-2

中国工商银行现金支票存根

支票号码　　0075346

科　　目

对方科目

出票日期2020年2月21日

收款人：	恩威特集团公司
金　额：	6 000.00
用　途：	库存现金
备　注：	

单位主管　　　会计

复　　核　　　记账

（印章：恩威特集团公司 财务专用章）

3. 2020 年 3 月 2 日购入材料一批。

3-1

付 款 凭 证

总　字 195 号

贷方科目：银行存款　　　　2020 年 3 月 2 日　　　　银付字 3 号

摘　要	借方科目		金　额									记账
	总账科目	明细科目	百	十	万	千	百	十	元	角	分	
购入材料	在途物资				1	5	0	0	0	0	0	
	应交税费	应交增值税进项税				1	9	5	0	0	0	
合　计　金　额					1	6	9	5	0	0	0	

附件 2 张

会计主管：　　记账：　　稽核：　　出纳：　　制单：

3-2

浙江省增值税专用发票

全国统一发票监制章 国家税务总局监制

开票日期：2020 年 03 月 02 日　　　　No. 06086782

购买方	名　称：惠威特集团公司 纳税人识别号：371002358669234712 地址、电话：山东省威海市文化路 43 号 开户行及账号：工行威海支行 12000056783	密码区	2655926 （089 + 953- +4-16710258*8-18-+- 8/>>/-6*056/802- 2++293<165678- 323+>6

货物或应税劳务、服务名称	规格型号	单位	数量	单价	金额									税率%	税额								
					百	十	万	千	百	十	元	角	分		百	十	万	千	百	十	元	角	分
模板		张	250	60.00			1	5	0	0	0	0	0	13				1	9	5	0	0	0
合　计						¥	1	5	0	0	0	0	0				¥	1	9	5	0	0	0

价税合计（大写）：壹万陆仟玖佰伍拾元整　　（小写）¥ 16950.00

销售方	名　称：温州电子一厂 纳税人识别号：330301386512376585 地址、电话：浙江省温州市鹤顶路 26 号 开户行及账号：建行鹤顶分理处 9863467	备注	温州电子一厂 财务专章

收款人：　　复核：　　开票人：宋爱玲　　销售方：（章）

第三联：发票联　购买方记账凭证

3-3

托收承付凭证（回单）　1

托收日期 2020 年 3 月 2 日　　托收号码：6032

收款人	全称	上海华美电子城	付款人	全称	恩威特集团公司
	账号	2121453690		账号或地址	12000056783
	开户银行	工行上海高桥支行		开户银行	工行威海支行
委托收款金额	人民币（大写）	壹万陆仟玖佰伍拾元整			￥16950.00
附寄单证张数	2	商品发运情况		合同名称号码	98—007
备注	款项收妥日期 年 月 日			开户银行盖章 年 月 日	

（印章：中国工商银行上海高桥支行 2020.3.2 托收专用章）

此联是银行给付款人的回单

4. 2020 年 3 月 4 日购入设备一台，入库。

4-1

付 款 凭 证

总　字 225 号

贷方科目：银行存款　　2020 年 3 月 4 日　　银付字 8 号

摘要	借方科目		金额									记账
	总账科目	明细科目	百	十	万	千	百	十	元	角	分	
购入固定资产	固定资产	车床			6	0	0	0	0	0	0	
	应交税费	应交增值税进项税				7	8	0	0	0	0	
合计金额				￥	6	7	8	0	0	0	0	

附件 2 张

会计主管：　　记账：　　稽核：　　出纳：　　制单：

4-2

浙江省增值税专用发票

开票日期：2020年03月04日 No. 06086782

购买方	名称：恩威特集团公司 纳税人识别号：371002358669234712 地址、电话：山东省威海市文化路43号 开户行及账号：工行威海支行 12000056783												密码区	2655926 （089＋953－ +4-16710258*8-18-+- 8/>>/-6*056/802- 2++293<165678- 323+>6										
货物或应税劳务、服务名称	规格型号	单位	数量	单价	金额									税率%	税额									
					百	十	万	千	百	十	元	角	分		百	十	万	千	百	十	元	角	分	
机床		台	1	60000.00			6	0	0	0	0	0	0	13				7	8	0	0	0	0	
合计						¥	6	0	0	0	0	0	0				¥	7	8	0	0	0	0	
价税合计（大写）	陆万柒仟捌佰元整										（小写）¥67800.00													
销售方	名称：阳光机床厂 纳税人识别号：330301784932576886 地址、电话：浙江省温州市鹤项路87号 开户行及账号：建行西湖分理处 9873025												备注	阳光机床厂 财务专章										

收款人： 复核： 开票人：张少华 销售方：（章）

第三联：发票联 购买方记账凭证

4-3

中国工商银行转账支票存根

支票号码 0014276

科 目

对方科目

出票日期 2020年3月4日

收款人：	阳光机床厂
金 额：	67 800.00
用 途：	货款
备 注：	

单位主管 会计

复 核 记账

（印章：恩威特集…财务…）

5. 2020 年 3 月 10 月，收到三明公司投资款 150 000 元，存入银行。

5-1

收 款 凭 证

总　字 295 号

借方科目：银行存款　　　　2020 年 3 月 10 日　　　　银收字 29 号

摘　要	贷方科目		金　额									记账
	总账科目	明细科目	百	十	万	千	百	十	元	角	分	
收到投资款	实收资本	三明公司		1	5	0	0	0	0	0	0	
合 计 金 额			¥	1	5	0	0	0	0	0	0	

附件 1 张

会计主管：　　记账：　　稽核：　　出纳：　　制单：

5-2

收　　据

2020 年 3 月 10 日

今收到：三明公司					
人民币（大写）：壹拾伍万元整　　¥ 150 000.00					
事由：投资款			现金		
			支票第　　　　号		
收款单位	财务专章	财务主管		收款人	

第二联　记账凭证

恩威特集团公司 财务专章

6. 2020 年 3 月 24 日，支付下季度广告费 63 600 元。

6-1

付 款 凭 证

总 字 336 号

贷方科目：银行存款　　2020 年 3 月 24 日　　银付字 70 号

摘要	借方科目		金额									记账
	总账科目	明细科目	百	十	万	千	百	十	元	角	分	
支付下季度广告费	管理费用	广告费			6	3	6	0	0	0	0	
合 计 金 额				¥	6	3	6	0	0	0	0	

附件 2 张

会计主管：　记账：　稽核：　出纳：　制单：

6-2

山东省增值税专用发票

开票日期：2020 年 03 月 24 日　　No. 0066412

购买方	名称：恩威特集团公司 纳税人识别号：371002358669234712 地址、电话：山东省威海市文化路 43 号 开户行及账号：工行威海支行 12000056783	密码区	3877998－089＋953－ +4－16710258*8－18－+－ 8/>>/－6*056/802－ 2++293<165678－ 323+>6

货物或应税劳务、服务名称	规格型号	单位	数量	单价	金额 百	十	万	千	百	十	元	角	分	税率%	税额 百	十	万	千	百	十	元	角	分
*广告服务*广告		次	1	60000.00			6	0	0	0	0	0	0	6				3	6	0	0	0	0
合 计						¥	6	0	0	0	0	0	0				¥	3	6	0	0	0	0
价税合计(大写)	陆万叁仟陆佰元整										(小写)¥63600.00												

销售方	名称：精益广告公司 纳税人识别号：371071136785264611 地址、电话：山东省威海市高区大连路 77 号 开户行及账号：建行大连路支行 7685421	备注	精益广告公司 财务专章

收款人：　复核：　开票人：李昱　销售方：(章)

第三联：发票联 购买方记账凭证

6-3

中国工商银行转账支票存根

支票号码　0004275

科　目

对方科目

出票日期 2020年3月24日

收款人:	精益广告公司
金　额:	63600.00
用　途:	广告费
备　注:	

单位主管　　会计

复　核　　记账

7. 2020 年 3 月 22 日，支付贷款利息(已预提 10 000 元)。

7-1

付款凭证

总　字 369 号

贷方科目：银行存款　　　　2020 年 3 月 24 日　　　　银付字 60 号

摘　要	借方科目		金　额									记账
	总账科目	明细科目	百	十	万	千	百	十	元	角	分	
支付贷款利息	财务费用	利息支出			1	6	9	2	0	0	0	
合　计　金　额				¥	1	6	9	2	0	0	0	

附件 1 张

会计主管：　　记账：　　稽核：　　出纳：　　制单：

7-2

中　国　工　商　银　行　　No. 00468

第三联

贷款利息通知单(代支款通知)

贷款账户户名：惠威特集团公司　　　　账号：12000056783

利息计算日期	2019 年 12 月 23 日 起 2020 年 3 月 22 日 止	左列贷款利息已从你单位账号 12000056783 付出 工商银行威海市营业部 2020. 3. 22 结算章 开户银行盖章 年　月　日
计息基数共计：1 000 000.00　利率：月 5.640‰		
利息金额(大写)　壹万陆仟玖佰贰拾元整		
附记：	¥16 920.00	
会计 2 号　事后监督 6 号　复核 8 号　制单 5 号		

8. 2020 年 6 月 13 日，购入原材料一批，已入库。

8-1

付款凭证

总　字 393 号

贷方科目：银行存款　　　　2020 年 6 月 13 日　　　　银付字 60 号

摘　要	借方科目		金　额									记账
	总账科目	明细科目	百	十	万	千	百	十	元	角	分	
购入材料	在途物资	模板			3	0	0	0	0	0	0	
	应交税费	应交增值税进项税				3	9	0	0	0	0	
合　计　金　额				¥	3	3	9	0	0	0	0	

附件 2 张

会计主管：　　记账：　　稽核：　　出纳：　　制单：

8-2

转账凭证

总　字 393 号

2020 年 6 月 13 日　　　　转　字 6 号

摘要	总账科目	明细科目	借方金额									贷方金额									记账
			百	十	万	千	百	十	元	角	分	百	十	万	千	百	十	元	角	分	
材料入库	原材料	模板			3	0	0	0	0	0	0										
	在途物资	模板												3	0	0	0	0	0	0	
合　计　金　额				¥	3	0	0	0	0	0	0		¥	3	0	0	0	0	0	0	

附件 1 张

会计主管：　　记账：　　稽核：　　出纳：　　制单：

8-3

浙江省增值税专用发票

开票日期：2020 年 06 月 13 日　　　　No. 06086799

购买方	名　　称：恩威特集团公司 纳税人识别号：371002358669234712 地 址 、电 话：山东省威海市文化路 43 号 开户行及账号：工行威海支行 12000056783	密码区	3589926 （ 089 + 953- +4-13210358*8-17—+— 8/>>/-6*056/802- 2++493<165678- 323+>5

货物或应税劳务、服务名称	规格型号	单位	数量	单价	金额 百	十	万	千	百	十	元	角	分	税率%	税额 百	十	万	千	百	十	元	角	分
模板		件	500	60.00			3	0	0	0	0	0	0	13				3	9	0	0	0	0
合　计						¥	3	0	0	0	0	0	0				¥	3	9	0	0	0	0

价税合计（大写）叁万叁仟玖佰元整　　　　（小写）¥33900.00

销售方	名　　称：温州电子一厂 纳税人识别号：330301386512376585 地 址 、电 话：浙江省温州市鹤顶路 26 号 开户行及账号：建行鹤顶分理处 9863467	备注	温州电子一厂 财务专章

收款人：　　　复核：　　　开票人：李爱华　　　销售方：（章）

第三联：发票联　购买方记账凭证

8-4

中国工商银行电汇凭证（回单）

委托日期：2020 年 6 月 13 日　　　　第 015 号

汇款人	全称	恩威特集团公司			收款人	全称	华良电子材料公司		
	账号或地址	12000056783				账号或地址	26145410		
	汇出地点	山东省威海市	汇出行名称	工行威海支行		汇入地点	浙江省温州市	汇入行名称	工行溪口办

金额	人民币（大写）	千	百	十	万	千	百	十	元	角	分
	叁万叁仟玖佰元整			¥	3	3	9	0	0	0	0

汇款用途：货款	
上列款项已根据委托办理，如需查询，请持此回单来行面洽。	汇出行盖章　工商银行威海市营业部 2020.6.13 结算章　年　月　日

单位主管　　　会计　　　复核　　　记账

8-5

材料验收通知单

凭证编号	
仓库编号	

供应人：华良电子材料公司　　　　填制日期：2012 年 4 月 30 日

材质证明	合格	发票 0039725 号	验收日期 2012 年 4 月 30 日	存放地点	4 号材料库	附件 2 份

材料编号	材料名称	规格	型号	单位	数量		计划价格(元)		实际价格(元)	
					凭证	实收	单价	总价	单价	总价
2	模板			张	500	500			60	
							备注			

财务科长　　材料稽核　　供应科长　　仓库主管　　检验　　采购经办

9. 2020 年 6 月 15 日，购入办公用品一批。

9-1

付 款 凭 证

总　字 402 号

贷方科目：银行存款　　　　2020 年 6 月 15 日　　　　银付字 34 号

摘　要	借方科目		金　额									记账
	总账科目	明细科目	百	十	万	千	百	十	元	角	分	
购入办公用品	管理费用	办公费				1	3	5	6	0	0	
合　计　金　额					¥	1	3	5	6	0	0	

附件 2 张

会计主管：　　记账：　　稽核：　　出纳：　　制单：

9-2

山东省增值税专用发票

开票日期：2020 年 06 月 15 日　　No. 0066412

购买方	名称：恩威特集团公司 纳税人识别号：371002358669234712 地址、电话：山东省威海市文化路 43 号 开户行及账号：工行威海支行 12000056783	密码区	4573998-083+5673- +4-16710258*8-15-+- 8/>>/-6*056/812- 2++293<165678- 356+>8

货物或应税劳务、服务名称	规格型号	单位	数量	单价	金额	税率%	税额
办公用品		支	200	6.00	120000	13	15600
合计					¥120000		¥15600
价税合计（大写）	壹仟叁佰伍拾陆元整				（小写）¥1356.00		

销售方	名称：威海市小商品批发 纳税人识别号：371002187905643222 地址、电话：山东省威海市文化路 35 号 开户行及账号：建行文化路支行 78934213	备注	

收款人：　　复核：　　开票人：李晓红　　销售方：（章）

第三联：发票联　购买方记账凭证

9-3

中国工商银行转账支票存根

支票号码　0005481

科　目

对方科目

出票日期2020年6月16日

收款人：	威海市小商品批发
金　额：	1356.00
用　途：	办公用品
备　注：	

单位主管　　会计

复　核　　记账

10. 2012 年 5 月 12 日预付外地材料款。

10-1

付 款 凭 证

总　字 435 号

贷方科目：银行存款　　　　2020 年 6 月 18 日　　　　银付字 36 号

摘　要	借方科目		金　额									记账
	总账科目	明细科目	百	十	万	千	百	十	元	角	分	
预付材料款	原材料	模板			1	0	0	0	0	0	0	
	应交税费	应交增值税进项税				1	3	0	0	0	0	
合　计　金　额				¥	1	1	3	0	0	0	0	

附件 1 张

会计主管：　　记账：　　稽核：　　出纳：　　制单：

10-2

中国工商银行电汇凭证(回单)

委托日期：2020 年 6 月 18 日　　　　第 0165 号

汇款人	全称	恩威特集团公司			收款人	全称	华良电子材料公司									
	账号或地址	12000056783				账号或地址	26145410									
	汇出地点	山东省威海市	汇出行名称	工行威海支行		汇入地点	浙江省温州市	汇入行名称	工行溪口办							
金额	人民币(大写)	壹万壹仟叁佰元整					千	百	十	万	千	百	十	元	角	分
									¥	1	1	3	0	0	0	0
汇款用途：货款					汇出行盖章											
上列款项已根据委托办理，如需查询，请持此回单来行面洽。					工商银行威海市营业部 2020.6.18 结算章								年　月　日			

单位主管：　　会计：　　复核：　　记账：

11. 2020 年 6 月 28 日发放货币性福利。

11-1

转 账 凭 证

总　字 462 号

2020 年 6 月 28 日　　　　转　字 13 号

摘要	总账科目	明细科目	借方金额									贷方金额									记账
			百	十	万	千	百	十	元	角	分	百	十	万	千	百	十	元	角	分	
计提福利费	生产成本	仪表盘			1	1	6	7	6	0	0										
		线路板				8	5	6	8	0	0										
	管理费用	车间管理				2	1	0	0	0	0										
		厂部管理				4	2	0	0	0	0										
	应付职工薪酬	福利费												2	6	5	4	4	0	0	
合　计　金　额				¥	2	6	5	4	4	0	0		¥	2	6	5	4	4	0	0	

附件 1 张

会计主管：　　记账：　　稽核：　　出纳：　　制单：

11-2

职工福利费发放表

2020 年 6 月 28 日

项次	发放部门	发放福利费总额	备注
	生产工人——仪表盘车间	11 676.00	
	生产工人——线路板车间	8 568.00	
	小计	20 244.00	
	车间管理人员	2 100.00	
	厂部管理人员	4 200.00	
	合　计	26 544.00	

主管部门：　　　　制表人：张明

第二部分　账簿的设置与登记

通过第一部分的实验，我们可以看出，会计凭证数量很多，比较分散，提供的会计资料是零散的。为了解决这个问题，必须设置和登记账簿，登记账簿是会计工作的中间环节。通过该部分的实验，掌握日记账、总分类账、明细账的设置和登记，错账的更正，结账的方法以及银行存款余额调节表的编制。

实验五

日记账的设置与登记

一、实验准备

系统学习《会计基础规范》中货币资金的使用和管理、日记账的设置和登记要求、登记依据、登记规则、登记方法。

二、实验意义

初学会计，首先从出纳工作开始，通过日记账的设置和登记，可以使你对出纳工作有一定的了解。

三、实验目的

通过本实验，使学生掌握三栏式现金日记账、银行存款日记账的设置和登记方法。

四、实验资料

1. 恩威特集团公司 2020 年 6 月初现金日记账余额为 7 800 元，银行存款日记账余额为 1 830 000 元。

2. 6 月份的发生额资料，见“实验三　记账凭证的填制”中有关现金和银行存款的经济业务。

3. 三栏式现金日记账和银行存款日记账账页见下页。

五、实验要求

1. 根据以上资料开设三栏式日记账，并登记三栏式现金日记账、银行存款日记账 6 月初余额。

2. 根据实验三编制的记账凭证，逐日逐笔登记现金日记账和银行存款日记账 6 月份的发生额。

六、实验设计

1. 登记账簿之前，对记账凭证进行系统的浏览、审核。

2. 根据审核无误的记账凭证逐日逐笔登记日记账。

3. 在给出的现金日记账和银行存款日记账三栏式账页中进行登记。
4. 本实验需要三栏式现金日记账和三栏式银行存款日记账各一张。
5. 本实验大约需要 4 个学时。

库存现金日记账

年		凭证		对方科目	摘要	借方金额										贷方金额										余额										核对
月	日	字	号			千	百	十	万	千	百	十	元	角	分	千	百	十	万	千	百	十	元	角	分	千	百	十	万	千	百	十	元	角	分	

库存现金日记账

年		凭证		对方科目	摘要	借方金额										贷方金额										余额										核对
月	日	字	号			千	百	十	万	千	百	十	元	角	分	千	百	十	万	千	百	十	元	角	分	千	百	十	万	千	百	十	元	角	分	

银行存款日记账

开户银行　　　　　　　　　　　　账号　　　　　　　　　　　　第　　页

年		凭证		对方科目	摘要	借方金额										贷方金额										余额										核对
月	日	字	号			千	百	十	万	千	百	十	元	角	分	千	百	十	万	千	百	十	元	角	分	千	百	十	万	千	百	十	元	角	分	

银行存款日记账

开户银行　　　　　　　　　　　　账号　　　　　　　　　　　　第　　页

年		凭证		对方科目	摘要	借方金额										贷方金额										余额										核对
月	日	字	号			千	百	十	万	千	百	十	元	角	分	千	百	十	万	千	百	十	元	角	分	千	百	十	万	千	百	十	元	角	分	

明细账的设置与登记

一、实验准备

在实验之前，系统学习《会计基础规范》中有关明细账的设置、账页格式的选择、登记要求、登记依据、登记规则、登记方法等内容。

二、实验意义

通过明细账的设置和登记，可以了解某一个会计期间某一个事项发生业务的频繁程度以及金额，为企业内部管理者服务。

三、实验目的

通过该实验，使学生掌握三栏式、数量金额式、多栏式明细账的登记方法。

四、实验资料

1. 恩威特集团公司对原材料按实际成本计价，对发出原材料和期末结存原材料按移动加权平均法计算，对原材料按品种设置明细账。2020 年 6 月初原材料明细分类账的余额情况如下表所示。

原材料明细分类账期初余额表

单位：元

品　名	计量单位	数量	单价	金　额
电阻	件	680	4.40	2 992.00
电容	件	750	6.50	4 875.00
模板	张	0		
合　　计				7 867.00

该公司 6 月份发生的有关原材料收发业务以及记账凭证见实验三。

2. 恩威特集团公司对应收账款按债务单位设置明细账户，2020 年 6 月初应收账款明细账资料如下：

应收账款明细账期初余额表

单位：元

总账科目	明细科目	金额
应收账款	天津利亚厂	210 600.00
	烟台仪表厂	100 000.00
	滨海厂	40 000.00
合　　计		350 600.00

该公司6月份发生的有关应收账款的业务见实验三。

3. 该公司对管理费用按项目设置明细账户，2020年6月初管理费用明细账资料如下：

管理费用期初余额表

单位：元

费用项目	借方余额
办公费	1 200.00
差旅费	14 000.00
电话费	10 000.00
招待费	24 700.00
水电费	5 000.00
折旧	2 600.00
工资及福利	142 500.00
合计	200 000.00

该公司6月份发生的有关管理费用业务见实验三。

4. 三栏式、数量金额式、多栏式明细账页见下页。

五、实验要求

1. 根据以上资料，在给出的账页中登记“原材料”“应收账款”“管理费用”总分类账户所属明细分类账户的期初余额。

2. 根据实验三的记账凭证逐笔登记“原材料”“应收账款”“管理费用”总分类账户所属的明细分类账户。

六、实验设计

1. 该企业原材料采用实际成本计价，可不设置“材料采购”账户。
2. 对明细账需根据记账凭证以及有关原始凭证逐笔登记。
3. 本实验在给出的三栏式账页、数量金额式账页、多栏式账页上直接进行登记。
4. 本实验大约需要12学时。

明细账

科目________ 商品类别________

子目________ 品　　名________

计量单位________ 规格等级________ 总页________ 分页________

年		凭证		摘要	借方												贷方												余额											
月	日	字	号		数量	单价	金额										数量	单价	金额										数量	单价	金额									
							千	百	十	万	千	百	十	元	角	分			千	百	十	万	千	百	十	元	角	分			千	百	十	万	千	百	十	元	角	分

明细账

科目________　　商品类别________

子目________　　品　　名________

计量单位________　规格等级________　总页________　分页________

年		凭证		摘　要	借　方												贷　方												余　额											
月	日	字	号		数量	单价	金额										数量	单价	金额										数量	单价	金额									
							千	百	十	万	千	百	十	元	角	分			千	百	十	万	千	百	十	元	角	分			千	百	十	万	千	百	十	元	角	分

明 细 账

科目________　　商品类别________

子目________　　品　　名________

计量单位________　规格等级________　总页________　分页________

年		凭证		摘要	借方												贷方												余额											
月	日	字	号		数量	单价	金额										数量	单价	金额										数量	单价	金额									
							千	百	十	万	千	百	十	元	角	分			千	百	十	万	千	百	十	元	角	分			千	百	十	万	千	百	十	元	角	分

明 细 账

科目________　　商品类别________

子目________　　品　　名________

计量单位________　规格等级________　总页________　分页________

年		凭证		摘　要	借　方												贷　方												余　额											
月	日	字	号		数量	单价	金额										数量	单价	金额										数量	单价	金额									
							千	百	十	万	千	百	十	元	角	分			千	百	十	万	千	百	十	元	角	分			千	百	十	万	千	百	十	元	角	分

科目：

子目：

年		凭证		摘要	借方																																													
					合计																																													
月	日	字	号		千	百	十	万	千	百	十	元	角	分	十	万	千	百	十	元	角	分	十	万	千	百	十	元	角	分	十	万	千	百	十	元	角	分	十	万	千	百	十	元	角	分	十	万	千	百	十	元	角	分

明细分类账

第　　页

金额							贷方	余额
十万千百十元角分	十万千百十元角分	十万千百十元角分	十万千百十元角分	十万千百十元角分	十万千百十元角分	十万千百十元角分	千百十万千百十元角分	千百十万千百十元角分

科目：

子目：

年		凭证		摘要	借方																																																	
					合计																																																	
月	日	字	号		千	百	十	万	千	百	十	元	角	分	十	万	千	百	十	元	角	分	十	万	千	百	十	元	角	分	十	万	千	百	十	元	角	分	十	万	千	百	十	元	角	分	十	万	千	百	十	元	角	分

明细分类账

第　　页

金额																																																								贷方										余额									
十	万	千	百	十	元	角	分	十	万	千	百	十	元	角	分	十	万	千	百	十	元	角	分	十	万	千	百	十	元	角	分	十	万	千	百	十	元	角	分	十	万	千	百	十	元	角	分	十	万	千	百	十	元	角	分	千	百	十	万	千	百	十	元	角	分	千	百	十	万	千	百	十	元	角	分

明细账

科目________
子目________ 总页________
户名________ 分页________

____年		凭证		摘要	借方										贷方										借或贷	余额										核对
月	日	字	号		千	百	十	万	千	百	十	元	角	分	千	百	十	万	千	百	十	元	角	分		千	百	十	万	千	百	十	元	角	分	

明细账

科目________

子目________ 总页________

户名________ 分页________

年		凭证		摘要	借方										贷方										借或贷	余额										核对
月	日	字	号		千	百	十	万	千	百	十	元	角	分	千	百	十	万	千	百	十	元	角	分		千	百	十	万	千	百	十	元	角	分	

明细账

科目__________

子目__________　　总页________

户名__________　　分页________

____年		凭证		摘要	借方										贷方										借或贷	余额										核对
月	日	字	号		千	百	十	万	千	百	十	元	角	分	千	百	十	万	千	百	十	元	角	分		千	百	十	万	千	百	十	元	角	分	

明细账

科目__________

子目__________　　总页________

户名__________　　分页________

____年		凭证		摘　　要	借　　方										贷　　方										借或贷	余　　额										核对
月	日	字	号		千	百	十	万	千	百	十	元	角	分	千	百	十	万	千	百	十	元	角	分		千	百	十	万	千	百	十	元	角	分	

科目汇总表的编制

一、实验准备

系统学习有关试算平衡表的编制方法。

二、实验意义

对于大中型企业来说，其业务量比较繁多，根据记账凭证逐笔登记总账非常麻烦，科目汇总表可以大大简化总账的登记工作。

三、实验目的

通过实验，使学生掌握科目汇总表的编制方法。

四、实验资料

见实验三。

五、实验要求

利用实验三的资料按旬编制 6 月份的科目汇总表。

六、实验设计

1. 该企业每 10 天编制一次科目汇总表。
2. 在给出的科目汇总表上，根据实验三的资料编制，并进行试算平衡。
3. 本实验大约需要 6 学时。

科目汇总表

年 月 日　　　　汇字 号

会计科目	借方发生额										贷方发生额									
	千	百	十	万	千	百	十	元	角	分	千	百	十	万	千	百	十	元	角	分
合计																				

科目汇总表

年　　月　　日　　　　　　　　汇字　　　号

会计科目	借方发生额										贷方发生额									
	千	百	十	万	千	百	十	元	角	分	千	百	十	万	千	百	十	元	角	分
合计																				

科目汇总表

年　　月　　日　　　　　　　　汇字　　　号

会计科目	借方发生额										贷方发生额									
	千	百	十	万	千	百	十	元	角	分	千	百	十	万	千	百	十	元	角	分
合计																				

科目汇总表

年　　月　　日　　　　　　汇字　　　号

会计科目	借方发生额										贷方发生额									
	千	百	十	万	千	百	十	元	角	分	千	百	十	万	千	百	十	元	角	分
合计																				

总分类账的设置与登记

一、实验准备

系统学习《会计基础规范》中有关总分类账的设置、登记要求、登记依据、登记方法等内容。

二、实验意义

总分类账是企业反映内容最全面的账簿，通过该账簿，可以为企业提供总括、全面的会计核算资料。

三、实验目的

通过本实验，使学生掌握总分类账不同的登记方法。

四、实验资料

1. 恩威特集团公司6月份各总分类账户期初余额如下表所示。

总分类账户月初余额表

2020年6月　　单位：元

账户名称	借方余额	账户名称	贷方余额
库存现金	7 800.00	短期借款	100 000.00
银行存款	1 830 000.00	应付票据	5 000.00
应收票据	8 000.00	应付账款	50 000.00
应收账款	350 600.00	应付职工薪酬	245 000.00
其他应收款	3 500.00	应交税费	28 000.00
生产成本	1 880.00	应付利息	15 147.00
原材料	7 867.00	实收资本	1 000 000.00
库存商品	387 000.00	资本公积	12 000.00
预付账款	38 300.00	盈余公积	167 000.00
固定资产	674 000.00	利润分配	80 000.00

（续表）

账户名称	借方余额	账户名称	贷方余额
主营业务成本	2 030 000.00	累计折旧	156 000.00
营业税金及附加	60 000.00	主营业务收入	3 800 000.00
其他业务成本	18 000.00	其他业务收入	24 000.00
销售费用	45 000.00	投资收益	3 000.00
管理费用	200 000.00	营业外收入	30 000.00
财务费用	30 200.00		
营业外支出	23 000.00		
合　计	5 715 147.00	合　计	5 715 147.00

2. 该公司 6 月份的会计业务见实验三。

3. 该公司 6 月份的科目汇总表见实验七。

4. 该公司总分类账页如下页。

五、实验要求

1. 根据以上资料在给出的总分类账页中开设总分类账户，并登记各总分类账户的期初余额。

2. 根据实验七编制的科目汇总表登记总分类账户。

六、实验设计

1. 开设总分类账户时，对同一个账户，可以在一张账页中先采用记账凭证核算形式登记总分类账，然后采用科目汇总表核算形式登记总分类账。

2. 本实验大约需要三栏式总分类账页 40 页。

3. 实验时可根据具体情况和时间选择两种或其中一种方法登记总分类账。

4. 本实验大约需要 18 学时。

总　　账

会计科目____________

年		凭证		摘要	借方												贷方												借或贷	余额												核对
月	日	字	号		十	亿	千	百	十	万	千	百	十	元	角	分	十	亿	千	百	十	万	千	百	十	元	角	分		十	亿	千	百	十	万	千	百	十	元	角	分	

总　　账

会计科目____________

年		凭证		摘要	借方												贷方												借或贷	余额												核对
月	日	字	号		十	亿	千	百	十	万	千	百	十	元	角	分	十	亿	千	百	十	万	千	百	十	元	角	分		十	亿	千	百	十	万	千	百	十	元	角	分	

总　　账

会计科目__________

年		凭证		摘要	借方												贷方												借或贷	余额												核对
月	日	字	号		十	亿	千	百	十	万	千	百	十	元	角	分	十	亿	千	百	十	万	千	百	十	元	角	分		十	亿	千	百	十	万	千	百	十	元	角	分	

总　　账

会计科目____________

年		凭证		摘要	借方												贷方												借或贷	余额												核对
月	日	字	号		十	亿	千	百	十	万	千	百	十	元	角	分	十	亿	千	百	十	万	千	百	十	元	角	分		十	亿	千	百	十	万	千	百	十	元	角	分	

总　　账

会计科目____________

年		凭证		摘要	借方												贷方												借或贷	余额												核对
月	日	字	号		十	亿	千	百	十	万	千	百	十	元	角	分	十	亿	千	百	十	万	千	百	十	元	角	分		十	亿	千	百	十	万	千	百	十	元	角	分	

总 账

会计科目____________

年		凭证		摘要	借方												贷方												借或贷	余额												核对
月	日	字	号		十	亿	千	百	十	万	千	百	十	元	角	分	十	亿	千	百	十	万	千	百	十	元	角	分		十	亿	千	百	十	万	千	百	十	元	角	分	

总 账

会计科目____________

年		凭证		摘要	借方												贷方												借或贷	余额												核对
月	日	字	号		十	亿	千	百	十	万	千	百	十	元	角	分	十	亿	千	百	十	万	千	百	十	元	角	分		十	亿	千	百	十	万	千	百	十	元	角	分	

总　　账

会计科目____________

年		凭证		摘要	借方												贷方												借或贷	余额												核对
月	日	字	号		十	亿	千	百	十	万	千	百	十	元	角	分	十	亿	千	百	十	万	千	百	十	元	角	分		十	亿	千	百	十	万	千	百	十	元	角	分	

总　　账

会计科目____________

年		凭证		摘要	借方												贷方												借或贷	余额												核对
月	日	字	号		十	亿	千	百	十	万	千	百	十	元	角	分	十	亿	千	百	十	万	千	百	十	元	角	分		十	亿	千	百	十	万	千	百	十	元	角	分	

总　　账

会计科目____________

年		凭证		摘要	借方												贷方												借或贷	余额												核对
月	日	字	号		十	亿	千	百	十	万	千	百	十	元	角	分	十	亿	千	百	十	万	千	百	十	元	角	分		十	亿	千	百	十	万	千	百	十	元	角	分	

总　　账

会计科目____________

年		凭证		摘要	借方												贷方												借或贷	余额												核对
月	日	字	号		十	亿	千	百	十	万	千	百	十	元	角	分	十	亿	千	百	十	万	千	百	十	元	角	分		十	亿	千	百	十	万	千	百	十	元	角	分	

总　　账

会计科目____________

年		凭证		摘要	借方												贷方												借或贷	余额												核对
月	日	字	号		十	亿	千	百	十	万	千	百	十	元	角	分	十	亿	千	百	十	万	千	百	十	元	角	分		十	亿	千	百	十	万	千	百	十	元	角	分	

总　　账

会计科目____________

年		凭证		摘要	借方												贷方												借或贷	余额												核对
月	日	字	号		十	亿	千	百	十	万	千	百	十	元	角	分	十	亿	千	百	十	万	千	百	十	元	角	分		十	亿	千	百	十	万	千	百	十	元	角	分	

总 账

会计科目____________

年		凭证		摘要	借方												贷方												借或贷	余额												核对
月	日	字	号		十	亿	千	百	十	万	千	百	十	元	角	分	十	亿	千	百	十	万	千	百	十	元	角	分		十	亿	千	百	十	万	千	百	十	元	角	分	

总 账

会计科目____________

年		凭证		摘要	借方												贷方												借或贷	余额												核对
月	日	字	号		十	亿	千	百	十	万	千	百	十	元	角	分	十	亿	千	百	十	万	千	百	十	元	角	分		十	亿	千	百	十	万	千	百	十	元	角	分	

总　　账

会计科目____________

年		凭证		摘要	借方												贷方												借或贷	余额												核对
月	日	字	号		十	亿	千	百	十	万	千	百	十	元	角	分	十	亿	千	百	十	万	千	百	十	元	角	分		十	亿	千	百	十	万	千	百	十	元	角	分	

总　　账

会计科目____________

年		凭证		摘要	借方												贷方												借或贷	余额												核对
月	日	字	号		十	亿	千	百	十	万	千	百	十	元	角	分	十	亿	千	百	十	万	千	百	十	元	角	分		十	亿	千	百	十	万	千	百	十	元	角	分	

总　　账

会计科目____________

年		凭证		摘要	借方												贷方												借或贷	余额												核对
月	日	字	号		十	亿	千	百	十	万	千	百	十	元	角	分	十	亿	千	百	十	万	千	百	十	元	角	分		十	亿	千	百	十	万	千	百	十	元	角	分	

总　　账

会计科目____________

年		凭证		摘要	借方												贷方												借或贷	余额												核对
月	日	字	号		十	亿	千	百	十	万	千	百	十	元	角	分	十	亿	千	百	十	万	千	百	十	元	角	分		十	亿	千	百	十	万	千	百	十	元	角	分	

总　　账

会计科目____________

年		凭证		摘要	借方												贷方												借或贷	余额												核对
月	日	字	号		十	亿	千	百	十	万	千	百	十	元	角	分	十	亿	千	百	十	万	千	百	十	元	角	分		十	亿	千	百	十	万	千	百	十	元	角	分	

总　　账

会计科目____________

年		凭证		摘要	借方												贷方												借或贷	余额												核对
月	日	字	号		十	亿	千	百	十	万	千	百	十	元	角	分	十	亿	千	百	十	万	千	百	十	元	角	分		十	亿	千	百	十	万	千	百	十	元	角	分	

总　　账

会计科目____________

年		凭证		摘要	借方												贷方												借或贷	余额												核对
月	日	字	号		十	亿	千	百	十	万	千	百	十	元	角	分	十	亿	千	百	十	万	千	百	十	元	角	分		十	亿	千	百	十	万	千	百	十	元	角	分	

总　　账

会计科目____________

年		凭证		摘要	借方												贷方												借或贷	余额												核对
月	日	字	号		十	亿	千	百	十	万	千	百	十	元	角	分	十	亿	千	百	十	万	千	百	十	元	角	分		十	亿	千	百	十	万	千	百	十	元	角	分	

总　　账

会计科目____________

年		凭证		摘要	借方												贷方												借或贷	余额												核对
月	日	字	号		十	亿	千	百	十	万	千	百	十	元	角	分	十	亿	千	百	十	万	千	百	十	元	角	分		十	亿	千	百	十	万	千	百	十	元	角	分	

总　　账

会计科目____________

年		凭证		摘要	借方												贷方												借或贷	余额												核对
月	日	字	号		十	亿	千	百	十	万	千	百	十	元	角	分	十	亿	千	百	十	万	千	百	十	元	角	分		十	亿	千	百	十	万	千	百	十	元	角	分	

总　　账

会计科目＿＿＿＿＿＿

年		凭证		摘要	借方												贷方												借或贷	余额												核对
月	日	字	号		十	亿	千	百	十	万	千	百	十	元	角	分	十	亿	千	百	十	万	千	百	十	元	角	分		十	亿	千	百	十	万	千	百	十	元	角	分	

总　　账

会计科目＿＿＿＿＿＿

年		凭证		摘要	借方												贷方												借或贷	余额												核对
月	日	字	号		十	亿	千	百	十	万	千	百	十	元	角	分	十	亿	千	百	十	万	千	百	十	元	角	分		十	亿	千	百	十	万	千	百	十	元	角	分	

总　账

会计科目____________

年		凭证		摘要	借方												贷方												借或贷	余额												核对
月	日	字	号		十	亿	千	百	十	万	千	百	十	元	角	分	十	亿	千	百	十	万	千	百	十	元	角	分		十	亿	千	百	十	万	千	百	十	元	角	分	

总　账

会计科目____________

年		凭证		摘要	借方												贷方												借或贷	余额												核对
月	日	字	号		十	亿	千	百	十	万	千	百	十	元	角	分	十	亿	千	百	十	万	千	百	十	元	角	分		十	亿	千	百	十	万	千	百	十	元	角	分	

总　　账

会计科目____________

年		凭证		摘要	借方												贷方												借或贷	余额												核对
月	日	字	号		十	亿	千	百	十	万	千	百	十	元	角	分	十	亿	千	百	十	万	千	百	十	元	角	分		十	亿	千	百	十	万	千	百	十	元	角	分	

总　　账

会计科目____________

年		凭证		摘要	借方												贷方												借或贷	余额												核对
月	日	字	号		十	亿	千	百	十	万	千	百	十	元	角	分	十	亿	千	百	十	万	千	百	十	元	角	分		十	亿	千	百	十	万	千	百	十	元	角	分	

总　　账

会计科目____________

年		凭证		摘要	借方												贷方												借或贷	余额												核对
月	日	字	号		十	亿	千	百	十	万	千	百	十	元	角	分	十	亿	千	百	十	万	千	百	十	元	角	分		十	亿	千	百	十	万	千	百	十	元	角	分	

总　　账

会计科目____________

年		凭证		摘要	借方												贷方												借或贷	余额												核对
月	日	字	号		十	亿	千	百	十	万	千	百	十	元	角	分	十	亿	千	百	十	万	千	百	十	元	角	分		十	亿	千	百	十	万	千	百	十	元	角	分	

总　　账

会计科目____________

年		凭证		摘要	借方												贷方												借或贷	余额												核对
月	日	字	号		十	亿	千	百	十	万	千	百	十	元	角	分	十	亿	千	百	十	万	千	百	十	元	角	分		十	亿	千	百	十	万	千	百	十	元	角	分	

总　　账

会计科目____________

年		凭证		摘要	借方												贷方												借或贷	余额												核对
月	日	字	号		十	亿	千	百	十	万	千	百	十	元	角	分	十	亿	千	百	十	万	千	百	十	元	角	分		十	亿	千	百	十	万	千	百	十	元	角	分	

总　　账

会计科目____________

年		凭证		摘要	借方												贷方												借或贷	余额												核对
月	日	字	号		十	亿	千	百	十	万	千	百	十	元	角	分	十	亿	千	百	十	万	千	百	十	元	角	分		十	亿	千	百	十	万	千	百	十	元	角	分	

总　　账

会计科目____________

年		凭证		摘要	借方												贷方												借或贷	余额												核对
月	日	字	号		十	亿	千	百	十	万	千	百	十	元	角	分	十	亿	千	百	十	万	千	百	十	元	角	分		十	亿	千	百	十	万	千	百	十	元	角	分	

总　账

会计科目____________

年		凭证		摘要	借方												贷方												借或贷	余额												核对
月	日	字	号		十	亿	千	百	十	万	千	百	十	元	角	分	十	亿	千	百	十	万	千	百	十	元	角	分		十	亿	千	百	十	万	千	百	十	元	角	分	

总　账

会计科目____________

年		凭证		摘要	借方												贷方												借或贷	余额												核对
月	日	字	号		十	亿	千	百	十	万	千	百	十	元	角	分	十	亿	千	百	十	万	千	百	十	元	角	分		十	亿	千	百	十	万	千	百	十	元	角	分	

总　　账

会计科目____________

年		凭证		摘要	借方												贷方												借或贷	余额												核对
月	日	字	号		十	亿	千	百	十	万	千	百	十	元	角	分	十	亿	千	百	十	万	千	百	十	元	角	分		十	亿	千	百	十	万	千	百	十	元	角	分	

总　　账

会计科目____________

年		凭证		摘要	借方												贷方												借或贷	余额												核对
月	日	字	号		十	亿	千	百	十	万	千	百	十	元	角	分	十	亿	千	百	十	万	千	百	十	元	角	分		十	亿	千	百	十	万	千	百	十	元	角	分	

总　　账

会计科目____________

年		凭证		摘要	借方												贷方												借或贷	余额												核对
月	日	字	号		十	亿	千	百	十	万	千	百	十	元	角	分	十	亿	千	百	十	万	千	百	十	元	角	分		十	亿	千	百	十	万	千	百	十	元	角	分	

总　　账

会计科目____________

年		凭证		摘要	借方												贷方												借或贷	余额												核对
月	日	字	号		十	亿	千	百	十	万	千	百	十	元	角	分	十	亿	千	百	十	万	千	百	十	元	角	分		十	亿	千	百	十	万	千	百	十	元	角	分	

总　　账

会计科目____________

年		凭证		摘要	借方												贷方												借或贷	余额												核对
月	日	字	号		十	亿	千	百	十	万	千	百	十	元	角	分	十	亿	千	百	十	万	千	百	十	元	角	分		十	亿	千	百	十	万	千	百	十	元	角	分	

总　　账

会计科目____________

年		凭证		摘要	借方												贷方												借或贷	余额												核对
月	日	字	号		十	亿	千	百	十	万	千	百	十	元	角	分	十	亿	千	百	十	万	千	百	十	元	角	分		十	亿	千	百	十	万	千	百	十	元	角	分	

实验九

错账的更正

一、实验准备

在进行本实验之前，应系统学习有关错账的更正方法以及各种更正方法的适用范围。

二、实验意义

每一个人在工作中都会有疏忽的地方，从而造成账簿记录的错误，如何对账簿中发生的错误采用正确的方法进行更正，是会计工作不容忽视的问题。

三、实验目的

通过本实验，使学生掌握更正错账的三种方法，以加深对理论知识的理解。

四、实验资料

见下页。

五、实验要求

根据以上资料，分别采用适当的方法进行错账的更正。

六、实验设计

1. 审核原始凭证和记账凭证、记账凭证与账簿是否相符。
2. 指出存在的错误，并采用适当的方法更正错误，编制更正凭证。
3. 依据更正凭证登记相关账簿。
4. 本实验大约需要 10 学时。

1. 付保险费。

1-1

记 账 凭 证

总　字 368 号

2020 年 4 月 1 日　　　　记　字 5 号

摘要	会计科目		金额									金额									记账
	总账科目	明细科目	百	十	万	千	百	十	元	角	分	百	十	万	千	百	十	元	角	分	
支付财产保险	管理费用	财产保险费				8	0	0	0	0	0										
	银行存款	工行													8	0	0	0	0	0	
合　计　金　额					¥	8	0	0	0	0	0			¥	8	0	0	0	0	0	

附件 2 张

会计主管：　　记账：姜昆　　稽核：　　出纳：　　制单：柳林

1-2

中国人民保险公司环翠分公司
保 险 费 收 据

№.0356780

兹收到　恩威特公司（4-6 月份）

保险费（大写）金额：捌仟元整　　　　¥：8000.00

系付（公司管理部门）财产保险费

（印章：中国人民保险公司环翠分公司 财务专章）

2020 年 4 月 1 日

主管：杨永　　复核：曲铭　　经办：张涛

1-3

中国工商银行转账支票存根

支票号码　0025616

科　目

对方科目

出票日期 2020 年 4 月 1 日

收款人：人保环翠分公司	
金　额：8000.00	
用　途：财产保险	
备　注：	

单位主管　　会计

复　核　　记账

（印章：恩威特集团 财务专章）

2. 购入材料一批，货已验收入库，款未付。

2-1

记账凭证

总　字 379 号

2020 年 4 月 8 日　　　　记　字 16 号

摘要	会计科目		金额									金额									记账
	总账科目	明细科目	百	十	万	千	百	十	元	角	分	百	十	万	千	百	十	元	角	分	
购入材料	原材料	塑料粒子			6	6	0	0	0	0	0										
	应交税费	应交增值税					8	5	8	0	0										
	应付账款	市塑材公司												6	6	8	5	8	0		
合　计　金　额				¥	6	6	8	5	8	0	0		¥	6	6	8	5	8	0	0	

附件 2 张

会计主管：　　记账：姜昆　　稽核：　　出纳：　　制单：柳林

2-2

山东省增值税专用发票

开票日期：2020 年 04 月 08 日　　　　No. 0066412

购买方	名　　称：恩威特集团公司 纳税人识别号：371002358669234712 地 址 、电 话：山东省威海市文化路 43 号 开户行及账号：工行威海支行 12000056783	密码区	4573998–083+5673– +4–16710258*8–15–+– 8/>>/–6*056/812– 2++293<165678– 356+>8

货物或应税劳务、服务名称	规格型号	单位	数量	单价	金额									税率%	税额								
					百	十	万	千	百	十	元	角	分		百	十	万	千	百	十	元	角	分
塑料粒子		吨	2	3300.00				6	6	0	0	0	0	13					8	5	8	0	0
合　计							¥	6	6	0	0	0	0						8	5	8	0	0

价税合计（大写）　柒仟肆佰伍拾捌元整　　（小写）¥7458.00

销售方	名　　称：奥利塑料有限公司 纳税人识别号：371071156585344221 地 址 、电 话：山东省威海市高区文化路 123 号 开户行及账号：商行文化路支行 3426783	备注	奥利塑料有限公司 财务专章

第三联：发票联　购买方记账凭证

收款人：　　复核：　　开票人：李晓红　　销售方：（章）

2-3

收　料　单

供货单位：奥利塑料有限公司　　　　No. 30721

发票号码：0003256　　　　2020 年 4 月 8 日　　　　收货仓库：材料 1 号库

材料类别	名称及规格	计量单位	数量		单价	金额	备注
			应收	实收			
塑材类	塑料粒子	吨		2	3 300.00	6 600.00	
合计						6 600.00	

记账联

质量检查：　　　　收料：万强　　　　制单：

3. 以现金购办公用品一批。

3-1

记 账 凭 证

总　字 385 号

2020 年 4 月 10 日　　　　记　字 22 号

摘要	总账科目	明细科目	百	十	万	千	百	十	元	角	分	百	十	万	千	百	十	元	角	分	记账
购办公用品	管理费用	办公费					9	0	4	0	0										
	库存现金															9	0	4	0	0	
合　计　金　额						¥	9	0	4	0	0				¥	9	0	4	0	0	

（会计科目：总账科目、明细科目；金额：借方、贷方两栏）

附件 1 张

会计主管：　　记账：姜昆　　稽核：　　出纳：　　制单：柳林

3-2

山东省增值税专用发票

开票日期：2020 年 04 月 10 日　　　　No. 0066412

购买方	名　　称：恩威特集团公司 纳税人识别号：371002358669234712 地 址 、电 话：山东省威海市文化路 43 号 开户行及账号：工行威海支行 12000056783	密码区	4573998-083+5673- +4-16710258*8-15-+- 8/>>/-6*056/812- 2++293<165678- 356+>8

货物或应税劳务、服务名称	规格型号	单位	数量	单价	金额 百	十	万	千	百	十	元	角	分	税率%	税额 百	十	万	千	百	十	元	角	分
办公用品		支	100	8.00					8	0	0	0	0	13					1	0	4	0	0
合　计								¥	8	0	0	0	0					¥	1	0	4	0	0
价税合计(大写)	玖佰零肆元整														(小写)¥904.00								

销售方	名　　称：威海市小商品批发 纳税人识别号：371002187905643222 地 址 、电 话：山东省威海市文化路 35 号 开户行及账号：建行文化路支行 78934213	备注	威海市小商品批发 财务专章

收款人：　　　复核：　　　开票人：李晓红　　　销售方：(章)

第三联：发票联 购买方记账凭证

4. 生产领用材料一批。

4-1

记 账 凭 证

总 字 393 号

2020 年 4 月 12 日　　　　记 字 30 号

摘要	总账科目	明细科目	借方金额 百	十	万	千	百	十	元	角	分	贷方金额 百	十	万	千	百	十	元	角	分	记账
领用材料	生产成本	材料				6	6	0	0	0	0										
	原材料	模板													6	6	0	0	0	0	
合 计 金 额					¥	6	6	0	0	0	0			¥	6	6	0	0	0	0	

附件 1 张

会计主管：　　记账：姜昆　　稽核：　　出纳：　　制单：柳林

4-2

领　料　单

No. 003248

领料部门：生产车间　　2020 年 4 月 12 日　　发料仓库：材料库

材料类别	名称及规格	计量单位	数量		金额	用途
			请领	实领		
原材料	模板	件	2000	2000	6 600.00	生产线路板
合　计		件	2000	2000	6 600.00	

记账联

仓库主管：王元　　发料人：谭晓刚　　领料部门：宋磊　　领料人：毛莹

5. 开出转账支票一张，支付修理费。

5-1

记 账 凭 证

总　字 405 号

2020 年 4 月 16 日　　记　字 42 号

摘要	会计科目		金额									金额									记账
	总账科目	明细科目	百	十	万	千	百	十	元	角	分	百	十	万	千	百	十	元	角	分	
支付修理费	管理费用	修理费				1	8	5	0	0	0										
	银行存款	工行													1	8	5	0	0	0	
合　计　金　额					¥	1	8	5	0	0	0			¥	1	8	5	0	0	0	

附件 2 张

会计主管：　　记账：姜昆　　稽核：　　出纳：　　制单：柳林

5-2

中国工商银行转账支票存根

支票号码　0014291

科　目

对方科目

出票日期2020年4月16日

收款人：	荣华修理公司
金　额：	2095.50
用　途：	大众2000修理费
备　注：	

单位主管　　会计

复　核　　记账

5-3

山东省增值税专用发票

开票日期 2020 年 04 月 10 日　　No. 0029165

购买方	
名　称	恩威特集团公司
纳税人识别号	371002358669234712
地址、电话	山东省威海市文化路 43 号
开户行及账号	工行威海支行 12000056783

密码区：
2655926 < 089 + 953-/
+4-16710258*8-18-+-
8/>>/-6*056/802-
2++293<165678-
323+>65/31657

货物或应税劳务、服务名称	规格型号	单位	数量	单价	金额 百	十	万	千	百	十	元	角	分	税率%	税额 百	十	万	千	百	十	元	角	分
*劳务*维修费		次	1	1850.00				1	8	5	0	0	0	13					2	4	0	5	0
合　计							¥	1	8	5	0	0	0					¥	2	4	0	5	0

价税合计（大写）　贰仟零玖拾元五角整　　（小写）¥2090.50

销售方	
名　称	荣华修理公司
纳税人识别号	371071137202067667
地址、电话	威海高区沈阳路 523 号
开户行及账号	建行高区支行 13002235422

备注：荣华修理公司 1372020 发票专用章

收款人：　　复核：　　开票人：郑丽　　销售方：（章）

第三联：发票联　购货方记账凭证

附记账凭证：

记 账 凭 证

总　字　　号

年　月　日　　　　　　　　　记　字　　号

摘要	会计科目		借方金额									贷方金额									记账
	总账科目	明细科目	百	十	万	千	百	十	元	角	分	百	十	万	千	百	十	元	角	分	
合　计　金　额																					

附件　　张

会计主管：　　　　记账：　　　　稽核：　　　　出纳：　　　　制单：

记 账 凭 证

总　字　　号

年　月　日　　　　　　　　　记　字　　号

摘要	会计科目		借方金额									贷方金额									记账
	总账科目	明细科目	百	十	万	千	百	十	元	角	分	百	十	万	千	百	十	元	角	分	
合　计　金　额																					

附件　　张

会计主管：　　　　记账：　　　　稽核：　　　　出纳：　　　　制单：

记 账 凭 证

总　字　　号

年　月　日　　　　记　字　　号

摘要	会计科目		借方金额									贷方金额									记账
	总账科目	明细科目	百	十	万	千	百	十	元	角	分	百	十	万	千	百	十	元	角	分	
合　计　金　额																					

附件　　张

会计主管：　　记账：　　稽核：　　出纳：　　制单：

记 账 凭 证

总　字　　号

年　月　日　　　　记　字　　号

摘要	会计科目		借方金额									贷方金额									记账
	总账科目	明细科目	百	十	万	千	百	十	元	角	分	百	十	万	千	百	十	元	角	分	
合　计　金　额																					

附件　　张

会计主管：　　记账：　　稽核：　　出纳：　　制单：

记账凭证

总　字　　号

年　月　日　　　　　　　　记　字　　号

摘要	会计科目		借方金额									贷方金额									记账
	总账科目	明细科目	百	十	万	千	百	十	元	角	分	百	十	万	千	百	十	元	角	分	
合　计　金　额																					

附件　　张

会计主管：　　记账：　　稽核：　　出纳：　　制单：

记账凭证

总　字　　号

年　月　日　　　　　　　　记　字　　号

摘要	会计科目		借方金额									贷方金额									记账
	总账科目	明细科目	百	十	万	千	百	十	元	角	分	百	十	万	千	百	十	元	角	分	
合　计　金　额																					

附件　　张

会计主管：　　记账：　　稽核：　　出纳：　　制单：

记 账 凭 证

总 字 号

年 月 日 记 字 号

摘要	会计科目		借方金额									贷方金额									记账
	总账科目	明细科目	百	十	万	千	百	十	元	角	分	百	十	万	千	百	十	元	角	分	
合 计 金 额																					

附件 张

会计主管： 记账： 稽核： 出纳： 制单：

记 账 凭 证

总 字 号

年 月 日 记 字 号

摘要	会计科目		借方金额									贷方金额									记账
	总账科目	明细科目	百	十	万	千	百	十	元	角	分	百	十	万	千	百	十	元	角	分	
合 计 金 额																					

附件 张

会计主管： 记账： 稽核： 出纳： 制单：

记 账 凭 证

总　字　　号

年　月　日　　　　　　　　记　字　　号

摘要	会计科目		借方金额									贷方金额									记账
	总账科目	明细科目	百	十	万	千	百	十	元	角	分	百	十	万	千	百	十	元	角	分	
合 计 金 额																					

附件　　张

会计主管：　　记账：　　稽核：　　出纳：　　制单：

记 账 凭 证

总　字　　号

年　月　日　　　　　　　　记　字　　号

摘要	会计科目		借方金额									贷方金额									记账
	总账科目	明细科目	百	十	万	千	百	十	元	角	分	百	十	万	千	百	十	元	角	分	
合 计 金 额																					

附件　　张

会计主管：　　记账：　　稽核：　　出纳：　　制单：

记账凭证

总 字 号

年 月 日 记 字 号

摘要	会计科目		借方金额									贷方金额									记账
	总账科目	明细科目	百	十	万	千	百	十	元	角	分	百	十	万	千	百	十	元	角	分	
合 计 金 额																					

附件 张

会计主管： 记账： 稽核： 出纳： 制单：

记账凭证

总 字 号

年 月 日 记 字 号

摘要	会计科目		借方金额									贷方金额									记账
	总账科目	明细科目	百	十	万	千	百	十	元	角	分	百	十	万	千	百	十	元	角	分	
合 计 金 额																					

附件 张

会计主管： 记账： 稽核： 出纳： 制单：

总　　账

账户名称：银行存款

2020 年		凭证字	凭证号	摘要	借方	贷方	借或贷	余额	记账
月	日								
3	31			累计			借	18 000.00	
4	1		5	支付财产保险费		8 000.00	借	10 000.00	
4	16		42	支付修理费		8 760.00	借	1 240.00	

总　　账

账户名称：原材料——塑料粒子

2020 年		凭证字	凭证号	摘要	借方	贷方	借或贷	余额	记账
月	日								
3	31			累计			借	6 600.00	
4	8		16	购入材料	66 000.00		借	72 600.00	
4	12		30	领用材料		6 000.00	借	66 600.00	

总　　账

账户名称：应交税费

2020年 月	日	凭证字	凭证号	摘要	借方	贷方	借或贷	余额	记账
3	31			累计			借	1 865.00	
4	8		16	购入材料		11 220.00	借	13 085.00	

总　　账

账户名称：应付账款

2020年 月	日	凭证字	凭证号	摘要	借方	贷方	借或贷	余额	记账
3	31			累计			借	22 000.00	
4	8		16	购入材料		77 220.00	借	99 220.00	

总　　账

账户名称：管理费用

2020 年		凭证字	凭证号	摘要	借方	贷方	借或贷	余额	记账
月	日								
3	31			累计			借	22 000.00	
4	1		5	付保险费	8 000.00		借	30 000.00	
4	10		22	购买办公用品	408.00		借	30 408.00	
4	16		42	付修理费	8 760.00		借	39 168.00	

总　　账

账户名称：生产成本

2020 年		凭证字	凭证号	摘要	借方	贷方	借或贷	余额	记账
月	日								
3	31			累计			借	22 000.00	
4	12		16	领用材料	6 000.00		借	28 000.00	

总　　账

账户名称：预付账款　　　　No.00036

2020 年		凭证字	凭证号	摘要	借方	贷方	借或贷	余额	记账
月	日								
3	31			累计			借	2 000.00	

实验十

结　账

一、实验准备

系统学习《会计基础规范》中关于结账的规则、结账的方法等章节。

二、实验意义

通过结账工作，可以定期了解企业各项资产、负债、收入、费用以及利润的有关情况，为会计报表的编制做好准备。

三、实验目的

通过该实验，使学生掌握结账的规则以及结账的方法。

四、实验资料

1. 见实验八。
2. 结账举例见下页。

五、实验要求

利用实验八的资料进行结账。

六、实验设计

1. 根据例题学习掌握结账的方法和程序。
2. 结账前应检查所有的会计业务是否全部入账，是否有重记或漏记的账项。
3. 结账前应进行有关错账的更正。
4. 进行月结(包括本月合计以及累计)。
5. 本实验大约需要 6 学时。

总 账

会计科目 1001 库存现金

2020年 月	日	凭证 字	号	对方科目	摘要	借方（十亿千百十万千百十元角分）	贷方（十亿千百十万千百十元角分）	借或贷	余额（十亿千百十万千百十元角分）	核对
1	1				上年结转			借	289600	
					……			…		
5	30				累计	185000000	18249600	…	540000	
6	1				提现金	200000		…		
6	6				购办公用品		80000	…		
					……	6000		…		
						20000		…		
							80000	…		
						123000		借		
						360000		…		
							360000	…		
								…		
								…		
								…		
								…		
								…		
								…		
								…		
								借		
								…		
								…		
								…		
								…		
								…		
					过次页	709000	520000	借	729000	

总 账

会计科目 1001 库存现金

2020年		凭证		对方科目	摘要	借方												贷方												借或贷	余额												核对
月	日	字	号			十	亿	千	百	十	万	千	百	十	元	角	分	十	亿	千	百	十	万	千	百	十	元	角	分		十	亿	千	百	十	万	千	百	十	元	角	分	
					承前页							7	0	9	0	0	0							5	2	0	0	0	0	借							7	2	9	0	0	0	
					…								7	0	0	0	0													…													
																								9	0	0	0	0	…														
					本月合计							7	7	9	0	0	0							6	1	0	0	0	0	…							7	0	9	0	0	0	
					累计					1	9	2	7	9	0	0	0					1	8	8	5	9	6	0	0	…							7	0	9	0	0	0	
					…																									…													
11	30				累计					3	8	8	0	0	0	0	0					3	8	5	0	9	6	0	0	…							5	8	0	0	0	0	
					…																									…													
12	30				本月合计					2	0	0	0	0	0	0	0						2	2	0	0	0	0	0	借							3	8	0	0	0	0	
					本年合计					4	0	8	0	0	0	0	0					4	0	7	0	9	6	0	0	借							3	8	0	0	0	0	
					结转下年																			3	8	0	0	0	0	平													

实验十一

银行存款余额调节表的编制

一、实验准备

实验之前，应系统学习企业银行存款的清查方法、未达账项的几种情况以及银行存款余额调节表的编制方法。

二、实验意义

银行存款余额调节表的编制是企业的一项经常性工作，任何一名会计人员在将企业的银行存款日记账与开户银行送来的对账单核对时，都有可能产生差异，必须逐笔核对，确定未达账项，并编制银行存款余额调节表。

三、实验目的

通过该实验，使学生掌握银行存款清查的方法、银行存款余额调节表的编制方法。

四、实验资料

恩威特公司 2020 年 3 月 20 日之前企业银行存款日记账余额和开户银行对账单余额相符，3 月 20-31 日银行存款日记账和开户银行对账单上的记录如以下各表所示。

表 11-1 银行存款日记账余额 单位：元

2020 年	结算凭证	摘　要	借　方	贷　方	余　额
3 月 20 日		余额			200 000.00
3 月 21 日	＃3612	付修理费		1 900.00	
3 月 21 日	＃3613	付广告费		5 000.00	
3 月 22 日	＃3615	交纳税金		2 000.00	
3 月 23 日	＃3616	预付货款		30 000.00	
3 月 25 日	＃3617	购料		10 700.00	
3 月 26 日	＃3	存现金	8 000.00		
3 月 26 日	＃3618	购买设备		81 000.00	
3 月 27 日	＃5618	提现金		63 000.00	
3 月 28 日	＃3621	还款		30 000.00	
3 月 28 日	＃3622	付保险费		50 000.00	

（续表）

2020年	结算凭证	摘　要	借　方	贷　方	余　额
3月29日	#3623	付租金		30 000.00	
3月30日	#36	收回货款	92 000.00		
3月31日	#37	销售货物	152 000.00		
3月31日	#3626	购办公用品		3 500.00	
3月31日		月末余额			

表 11-2　　银行对账单余额　　单位：元

2020年	结算凭证	交易内容	借　方	贷　方	余　额
3月20日		余额			200 000.00
3月21日	#3612	付修理费	1 900.00		
3月21日	#3613	付广告费	5 000.00		
3月23日	#3616	预付货款	30 000.00		
3月25日	#3617	购料	10 700.00		
3月26日	#3618	购买设备	81 000.00		
3月27日	#5618	提现金	63 000.00		
3月28日	#3621	还款	30 000.00		
3月28日	#3	存入现金		8 000.00	
3月29日	#12	贷款利息	3 100.00		
3月30日	#3623	付租金	30 000.00		
3月31日	#36	收回货款		92 000.00	
3月31日	#3630	付水电费	5 200.00		
3月31日	#3631	付电话费	2 600.00		
3月31日	#68	存款利息		6 100.00	
3月31日		月末余额			

表 11-3　　银行存款余额调节表

2020年3月31日　　单位：元

项　目	金　额	项　目	金　额
企业银行存款日记账余额		银行对账单余额	
加：		加：	
减：		减：	
调节后余额		调节后余额	

五、实验要求

1. 根据资料分别计算企业银行存款日记账余额和银行对账单余额。

2. 将企业银行存款日记账月末余额与银行对账单余额相核对，找出未达账项。

3. 编制银行存款余额调节表，调整未达账项，确定企业的银行存款实际可动用的余额。

六、实验设计

1. 根据"四柱"平衡公式，计算企业银行存款日记账余额和银行对账单余额。

2. 将银行存款日记账与银行对账单按照结算凭证号数一一核对，确定企业未达账项和银行未达账项。

3. 根据计算出的银行存款日记账余额和银行对账单余额以及未达账项填写银行存款余额调节表，计算出调节后的银行存款余额。

4. 本实验大约需要 6 学时。

第三部分　会计报表

会计报表是构成财务会计报告的核心内容，是会计工作的终结环节，是会计信息最有效、最基本的载体。前面所做的工作，都是为会计报表的编制而准备的。当掌握了报表的编制方法后，就可以胜任会计工作。在该部分的实验中，重点掌握资产负债表和利润表的编制。

实验十二

资产负债表的编制

一、实验准备

实验之前，应系统学习资产负债表的结构、格式以及编制方法，注意几个特殊项目的填写。

二、实验意义

资产负债表是企业的主要会计报表之一，是月度报表。通过该表中的数据，可以获取企业的财务状况和一些基本和重要的会计信息，也是对前面所进行会计工作的总结。

三、实验目的

通过该实验，使学生掌握资产负债表的编制方法。

四、实验资料

1. 恩威特集团公司为一般纳税人，增值税率 13%，所得税率 25%，该公司 2019 年 12 月 31 日有关账户余额如下表所示。

表 12-1　　总分类账户 12 月 31 日余额表　　单位：元

账户名称	借方余额	账户名称	贷方余额
库存现金	6 500.00	短期借款	20 000.00
银行存款	350 000.00	应付票据	2 500.00
应收票据	35 000.00	应付账款	15 000.00
应收账款	300 000.00	应付职工薪酬	221 000.00
预付账款	20 000.00	应交税费	68 000.00
其他应收款	5 000.00	应付利息	45 000.00
生产成本	6 000.00	其他应付款	6 000.00
原材料	16 000.00	长期借款	343 000.00
库存商品	340 500.00	实收资本	1 000 000.00
固定资产	674 000.00	资本公积	12 000.00
在建工程	350 000.00	盈余公积	167 000.00
		利润分配	80 000.00
		累计折旧	123 500.00
合　计	2 103 000.00	合　计	2 103 000.00

2. 其他资料见实验八。

五、实验要求

根据所给资料编制恩威特集团公司 2020 年 6 月 30 日的资产负债表。

六、实验设计

1. 假设该公司总分类账户和所属明细分类账户余额方向相同,金额相等。
2. 本实验大约需要 8 学时。

表 12-2　　资产负债表

会企 01 表

编制单位：　　________年____月____日　　单位：元

资　产	期末余额	年初余额	负债和所有者权益(或股东权益)	期末余额	年初余额
流动资产：			流动负债：		
货币资金			短期借款		
交易性金融资产			交易性金融负债		
应收票据			应付票据		
应收账款			应付账款		
预付账款			预收账款		
应收利息			应付职工薪酬		
应收股利			应交税费		
其他应收款			应付利息		
存货			应付股利		
一年内到期的非流动资产			其他应付款		
其他流动资产			一年内到期的非流动负债		
流动资产合计：			其他流动负债		
非流动资产：			流动负债合计		
可供出售金融资产			非流动负债：		
持有至到期投资			长期借款		
长期应收款			应付债券		
长期股权投资			长期应付款		
投资性房地产			专项应付款		
固定资产			预计负债		
在建工程			递延所得税负债		
工程物资			其他非流动负债		
固定资产清理			非流动负债合计		
生产性生物资产			负债合计		
油气资产			所有者权益(或股东权益)：		
无形资产			实收资本(股本)		
开发支出			资本公积		
商誉			减：库存股		
长期待摊费用			盈余公积		
递延所得税资产			未分配利润		
其他非流动资产			所有者权益(或股东权益)合计		
非流动资产合计					
资产总计			负债和所有者权益(或股东权益)总计		

实验十三

利润表的编制

一、实验准备

实验之前，应系统学习利润表的结构、格式以及编制方法。

二、实验意义

利润表是企业的主要报表之一，是月度报表。通过利润表，可以看出企业在一定会计期间的经营成果以及利润的形成情况，通过该表中的数据和其他报表中的数据，可以进行相关比率的计算与分析，对企业做出正确的评价。

三、实验目的

通过该实验，使学生掌握利润表的编制方法。

四、实验资料

1. 已知恩威特集团公司 2020 年 5 月 31 日有关损益类账户累计发生额如下表所示。

表 13-1　　损益类账户 5 月 31 日累计发生额　　单位：元

会计科目	累计发生额
主营业务收入	3 800 000.00
主营业务成本	2 030 000.00
营业税金及附加	60 000.00
其他业务收入	24 000.00
其他业务成本	18 000.00
管理费用	200 000.00
销售费用	45 000.00
财务费用	30 200.00
投资收益	3 000.00
营业外收入	30 000.00
营业外支出	23 000.00

2. 其余资料见实验八。

五、实验要求

根据以上资料以及实验八的有关资料编制该公司 6 月份的利润表。

六、实验设计

1. 进一步明确编制利润表的原则、要求以及依据。
2. 系统浏览所给的资料以及自己所做的资料，全面了解本实验的内容和要求。
3. 本实验大约需要 4 学时。

表 13-2 **利 润 表**

会企 02 表

编制单位： ________年____月 单位：元

项 目	本期金额	上期金额
一、营业收入		
减：营业成本		
营业税金及附加		
销售费用		
管理费用		
财务费用		
资产减值损失		
加：公允价值变动收益(损失以“－”号填列)		
投资收益(损失以“－”号填列)		
其中：对联营企业和合营企业的投资收益		
二、营业利润(亏损以“－”号填列)		
加：营业外收入		
减：营业外支出		
其中：非流动资产处置损失		
三、利润总额(亏损总额以“－”号填列)		
减：所得税费用		
四、净利润(净亏损以“－”号填列)		

实验十四

会计核算综合实验

一、实验准备

系统学习《会计基础规范》中的全部内容，明确会计报表相关指标的计算方法。

二、实验意义

在规定的时间内完成会计实务工作中主要环节的操作，是对一个会计专业学生的基本要求。

三、实验目的

通过该实验，使学生对会计工作的整体有全面的认识。

四、实验资料

（一）模拟企业基本情况

企业名称：山东华联有限责任公司（简称华联公司）

企业类型：工业企业

法人代表：王天一

财务经理：赵志平

记账员：刘晓明

出纳员：王红

审核：任真

（二）模拟企业会计政策简介

1. 对原材料采用计划成本法核算，甲材料计划单位成本为 33 元，乙材料计划单位成本为 22 元。

2. 采用月末一次摊销材料成本差异；月末一次结转已销产品成本，月末一次以加权平均法计算发出商品的成本。

3. 山东华联有限责任公司为一般纳税人。

4. 采用记账凭证账务处理程序登记总分类账。

5. 假定公司折旧政策与税法规定一致，本期未计提减值准备。

6. 长期借款为生产经营用，属于到期一次还本付息。

（三）该公司 2020 年期初资料以及本期发生业务资料见下页。

五、实验要求

1. 根据资料(一)开设原材料总账及明细账、银行存款日记账，并登记期初余额。
2. 填制部分原始凭证。
3. 分析原始凭证，据以编制通用记账凭证，并在记账凭证的制证处签字。
4. 根据记账凭证和原始凭证，登记上述账簿的发生额，并进行结账。
5. 编制 2020 年 1 月份的资产负债表(只登记期末余额)。
6. 编制 2020 年 1 月份的利润表(利润表采用账结法)。
7. 计算公司 2020 年 1 月份的下列指标：(1)流动比率；(2)速动比率；(3)资产负债率；(4)应收账款周转天数(应收账款年初数即期初余额)；(5)营业利润率。
8. 整理、装订会计凭证。

六、实验设计

1. 正确填制实际工作中需要会计人员填制的有关原始凭证。
2. 根据原始凭证填制通用记账凭证，要素应齐全，会计科目以及借贷方向正确。
3. 有代表性地登记总账、日记账以及明细账，并结账。
4. 在工作底稿上编制试算平衡表，据以编制资产负债表以及利润表。
5. 对会计报表中的相关指标进行计算，列出计算公式以及计算过程。
6. 对原始凭证进行粘贴并装订记账凭证。
7. 本实验要求学生在 3 个小时内独立完成。

山东华联有限责任公司2020年1月初有关科目的余额如下表所示：

华联公司期初余额表

2020年1月1日　　计量单位：元

科目名称	借方金额	科目名称	贷方金额
库存现金	2 500.00	短期借款	457 640.00
银行存款	1 908 000.00	应付票据	250 000.00
其他货币资金	240 000.00	应付账款	760 000.00
交易性金融资产	26 000.00	其他应付款	65 000.00
应收票据	40 000.00	应付职工薪酬	51 000.00
应收账款	75 000.00	应交税费	40 823.00
预付账款	65 000.00	应付利息	12 000.00
其他应收款	4 500.00	长期借款	1 800 000.00
原材料	48 840.00	实收资本	4 206 000.00
—甲材料	1 046 kg×33=34 518	资本公积	433 300.00
—乙材料	651 kg×22=14 322	盈余公积	150 000.00
材料成本差异	700	利润分配(未分配利润)	90 000.00
—甲材料	4 200.00		
—乙材料	−3 500.00		
库存商品	1 411 723.00		
—A产品	3 000件×190=570 000		
—B产品	4 700件×179.09=841 723		
固定资产	3 099 000.00		
累计折旧	−600 000.00		
在建工程	1 200 000.00		
无形资产	794 500.00		
合计	8 315 763.00	合计	8 315 763.00

山东华联有限责任公司2020年1月份发生如下经济业务：

1.2 日，采购材料。

1-1

山东省增值税专用发票

开票日期：2020 年 01 月 02 日　　　　　№. 06036334

购买方	名　　称：山东华联有限责任公司 纳税人识别号：371072137800638419 地 址 、电 话：威海市新威路 68 号 开户行及账号：工行 2000056783	密码区	1569821-062 + 1012- +3-43245251*8-15-+ -8/>>/-5*053904-2+ +291<165677-324+>5

货物或应税劳务、服务名称	规格型号	单位	数量	单价	金额									税率%	税额								
					百	十	万	千	百	十	元	角	分		百	十	万	千	百	十	元	角	分
甲材料		Kg	3000	30.00			9	0	0	0	0	0	0	13			1	1	7	0	0	0	0
乙材料		Kg	2000	25.00			5	0	0	0	0	0	0	13				6	5	0	0	0	0
合　计					¥	1	4	0	0	0	0	0	0			¥	1	8	2	0	0	0	0

价税合计（大写）壹拾伍万捌仟贰佰元整　　　　（小写）¥158200.00

销售方	名　　称：红星工厂 纳税人识别号：371071631823672533 地 址 、电 话：威海市高技区吉林路 148 号 开户行及账号：农行吉林路支行 3680321731	备注	红星工厂 财务专章

收款人：　　　复核：　　　开票人：周宁　　　销售方：（章）

第三联：发票联　购买方记账凭证

1-2

中国工商银行转账支票存根

支票号码　0014276

科　目

对方科目

出票日期 2020年01月02日

收款人：	红星工厂
金　额：	158200.00
用　途：	货款
备　注：	

单位主管　　会计

复核　　记账

山东华联有限公司 财务专章

2. 5 日，收到商业汇票款。

2-1

中国工商银行进账单 （收账通知）

2020 年 01 月 05 日 第 号

收款人	全 称	山东华联有限责任公司	付款人	全 称	烟台北洋公司
	账 号	2000056783		账 号	51515651
	开户银行	工行威海支行		开户银行	商业银行南山支行

人民币（大写）	肆万元整	万	千	百	十	万	千	百	十	元	角	分
					¥	4	0	0	0	0	0	0

用途				中国工商银行 威海支行 2020.1.5 付讫
票据张数	一张	票据种类	汇票	
单位主管	会计	复核	记账	收款人开户银行盖章

开户银行给收款人的收账通知

3. 8 日，本月 2 日采购的材料入库。

3-1

原材料入库单

供货单位：红星工厂　　　　编号：120108

发票号码：06036334　　2020 年 01 月 08 日　　收料仓库：1 号库

材料编号	材料名称	规格	计量单位	数量		计划价格(元)		实际价格(元)	
				应收	实收	单价	总价	单价	总价
	甲材料		kg	3 000	3 000				
				差异			备注		

仓库负责人：　　记账：　　仓库保管：　　收料：张强

第二联 财务记账

3-2

原材料入库单

供货单位：红星工厂　　　　　　　　　　　　　　　　　　编号：120109

发票号码：06036334　　　　2020 年 01 月 08 日　　　　收料仓库：1 号库

材料编号	材料名称	规格	计量单位	数量		计划价格(元)		实际价格(元)	
				应收	实收	单价	总价	单价	总价
	乙材料		kg	2 000	2 000				
				差异			备注		

第二联　财务记账

仓库负责人：　　　　记账：　　　　仓库保管：　　　　收料：张强

4. 10 日，领用材料。

4-1

领　料　单

编号：739467

领用部门：生产车间　　　　2020 年 01 月 10 日　　　　发料仓库：1 号库

名称规格	计量单位	数量		计划单价	金额	用途
		请领	实领			
甲材料	Kg	2 000	2 000			生产 A 产品
甲材料	Kg	500	500			生产 B 产品
甲材料	Kg	100	100			一般耗用
小计		2 600	2 600			
乙材料	Kg	1 000	1 000			生产 A 产品
乙材料	Kg	800	800			生产 B 产品
乙材料	Kg	50	50			一般耗用
小计		1 850	1 850			

记账：　　　　发料人：　　　　领料人：王和平

4-2

领　料　单

编号：739468

领用部门：管理部门　　2020 年 01 月 10 日　　发料仓库：1 号库

名称规格	计量单位	数量		计划单价	金额	用途
		请领	实领			
甲材料	Kg	300	300			一般耗用
乙材料	Kg	100	100			一般耗用
合　计						

记账：　　发料人：　　领料人：刘明利

5. 11 日，购入不需要安装的设备一台。

5-1

山东省增值税专用发票

开票日期：2020 年 01 月 11 日　　No. 06086782

购买方	名　　称：山东华联有限责任公司 纳税人识别号：371072137800638419 地 址 、电 话：威海市新威路 68 号 开户行及账号：工行 2000056783	密码区	2433821-062 + 4512- +6-43267851*8-14-+ -8/>>/-5*067804-2+ +291<145477-354+>3

货物或应税劳务、服务名称	规格型号	单位	数量	单价	金额	税率%	税额
车床		台	1	200000.00	20000000	13	2600000
合　计					¥20000000		¥2600000

价税合计（大写）：贰拾贰万陆仟元整　　（小写）¥226000.00

销售方	名　　称：大华有限责任公司 纳税人识别号：371071631944663823 地 址 、电 话：威海市高技区大连路 77 号 开户行及账号：农行大连路支行 3762234522	备注	大华有限责任公司 财务专章

收款人：　　复核：　　开票人：王小宁　　销售方：（章）

第三联：发票联　购买方记账凭证

5-2

中国工商银行转账支票存根

支票号码　0014277

科　　目

对方科目

出票日期2020年01月1[illegible]日

收款人：大华有限责任公司	
金　额：226000.00	
用　途：货款	
备　注：	

单位主管　　会计

复核　　记账

6. 14 日，支付电费。

6-1

2019 年 12 月份电费明细单

客户名单	华联公司	电话号码	5219043	户号	1705459736
客户地址	新盛路 68 号			营业区	市区、客户服务中心

月用电量	电价(元/千瓦时)		电费	电表起止码	
3 500 千瓦时	1.00		3 500.00	起码 55016　止码 58516	
累计欠费(含本月)	0	抄表时间	2020.01.14	抄表员	蔡丹

缴费时间：抄表七日内，逾期加收电费违约金，每日电费违约金按欠费总额的千分之一计算，违约金不足壹元，按壹元收取。

6-2

电费分配汇总表

2020 年 01 月 14 日

车间及产品	电费			备注
	耗用量(千瓦时)	单价	金额	
生产车间	2 000	1.00	2 000.00	
行政部门	1 500	1.00	1 500.00	
合　计	3 500		3 500.00	

6-3

中国工商银行转账支票存根

支票号码　0014278

科　　目

对方科目

出票日期2020年01月14日

收款人：威海电力集团有限	
金　额：3 815.00	
用　途：电费	
备　注：	

单位主管　　会计

复核　　记账

6-4

山东省增值税专用发票

开票日期：2020年01月14日　　No. 237100803644

购买方	名　称：山东华联有限责任公司 纳税人识别号：371072137800638419 地 址、电 话：威海市新威路68号 开户行及账号：工行 2000056783	密码区	346494-062+101- +3-43313251*8-15-+ -8/>>/-6*053904-2++ 291<165677-329+>9

货物或应税劳务、服务名称	规格型号	单位	数量	单价	金额	税率%	税额
*电力热力水燃气*电费		度	3500	1.00	3 500.00	9	315.00
合　计					¥3 500.00		¥315.00
价税合计（大写）	叁仟捌佰壹拾伍元整				（小写）¥3815.00		

销售方	名　称：威海电力集团有限公司 纳税人识别号：371071334566837000 地 址、电 话：山东省威海市高区沈阳路44号 开户行及账号：农行沈阳路支行 3479944	备注	

收款人：　　复核：　　开票人：冷菲　　销售方：（章）

第三联：发票联　购买方记账凭证

7. 19 日，销售产品。

7-1

山东省增值税专用发票

开票日期：2020 年 01 月 19 日　　　　No. 06086782

购买方	名　　称：天津宇宙公司 纳税人识别号：120104165801633243 地 址 、电 话：天津市南开区长江道 33 号 开户行及账号：工行长江道支行 2435068776														密码区	2433821-062 + 4512- +6-43267851*8-14- +-8/>>/-5*067804- 2++291<145477-354								
货物或应税劳务、服务名称	规格型号	单位	数量	单价	金额									税率%	税额									
					百	十	万	千	百	十	元	角	分		百	十	万	千	百	十	元	角	分
A 产品		件	1500	350.00		5	2	5	0	0	0	0	0	13			6	8	2	5	0	0	0
B 产品		件	800	250.00		2	0	0	0	0	0	0	0	13			2	6	0	0	0	0	0
合　计					¥	7	2	5	0	0	0	0	0			¥	9	4	2	5	0	0	0
价税合计（大写）	捌拾壹万玖仟贰佰伍拾元整														（小写）¥819250.00									
销售方	名　　称：山东华联有限责任公司 纳税人识别号：371072137800638419 地 址 、电 话：威海市新威路 68 号 开户行及账号：工行 2000056783														备注	山东华联有限责任公司 财务专章								

第三联：发票联　购买方记账凭证

收款人：　　　复核：　　　开票人：郭云　　　销售方：（章）

7-2

中国工商银行托收承付结算凭证 （收账通知）

委托日期：2020 年 01 月 19 日

收款单位	全　称	山东华联有限责任公司	付款单位	全　称	天津宇宙公司							
	账　号	2000056783		账　号	2435068776							
	开户银行	工商银行威海支行		开户银行	工行长江道支行							
托收金额	人民币（大写）	捌拾壹万玖仟贰佰伍拾元整	百	十	万	千	百	十	元	角	分	
			¥	8	1	9	2	5	0	0	0	
附件		商品发运情况	合同名称号码 01-1264									
附寄单证张数或册数：2		已发运　NO：011009	中国工商银行 威海支行 2020.1.19 收讫									
备注	验单付款	款项收妥日期 2020 年 01 月 19 日	（收款单位开户行盖章）									

此联给收款人收账通知

8. 21 日，支付招待费。

8-1

山东省增值税专用发票

全国统一发票监制章 国家税务总局监制

开票日期：2020 年 01 月 21 日　　No. 237100803644

购买方	
名　称	山东华联有限责任公司
纳税人识别号	371072137800638419
地址、电话	威海市新威路 68 号
开户行及账号	工行 2000056783
密码区	568494-062 + 101- +3-43313251*8-15-+ -8/>>/-6*053904-2+ +291<165677-329+>9

货物或应税劳务、服务名称	规格型号	单位	数量	单价	金额 百	十	万	千	百	十	元	角	分	税率%	税额 百	十	万	千	百	十	元	角	分
*餐饮服务*餐费		次	1	3000.00				3	0	0	0	0	0	6					1	8	0	0	0
合　计							¥	3	0	0	0	0	0					¥	1	8	0	0	0

价税合计（大写）：叁仟壹佰捌拾元整　　（小写）¥3180.00

销售方	
名　称	东方大酒店
纳税人识别号	371071377574613359
地址、电话	山东省威海市高技区科技路 35 号
开户行及账号	商行科技路支行 3697845
备注	东方大酒店 财务专章

收款人：　　复核：　　开票人：唐琳　　销售方：（章）

第三联：发票联　购买方记账凭证

9. 22 日，采购材料，验收入库。

9-1

山东省增值税专用发票

全国统一发票监制章 国家税务总局监制

开票日期：2020 年 01 月　日　　No. 06086782

购买方	
名　称	山东华联有限责任公司
纳税人识别号	371072137800638419
地址、电话	威海市新威路 68 号
开户行及账号	工行 2000056783
密码区	1569821-062＋1012- ＋3-43245251 * 8-15- ＋-8/>>/-5 * 053904-2 ＋＋291＜165677-324＋ ＞5

货物或应税劳务、服务名称	规格型号	单位	数量	单价	金额 百	十	万	千	百	十	元	角	分	税率%	税额 百	十	万	千	百	十	元	角	分
甲材料		kg	4000	32.00		1	2	8	0	0	0	0	0	13			1	6	6	4	0	0	0
乙材料		kg	1000	20.00			2	0	0	0	0	0	0	13				2	6	0	0	0	0
合　计					¥	1	4	8	0	0	0	0	0			¥	1	9	2	4	0	0	0

价税合计（大写）：壹拾陆万柒仟贰佰肆拾元整　　（小写）¥167240.00

销售方	
名　称	青岛星光工厂
纳税人识别号	370201631933673781
地址、电话	青岛市四方区抚顺路 14 号
开户行及账号	农行抚顺路支行 3660321571
备注	青岛星光工厂 财务专章

收款人：　　复核：　　开票人：王凝　　销售方：（章）

第三联：发票联　购买方记账凭证

9-2

原材料入库单

供货单位：青岛星光工厂　　　　　　　　　　　　　　　编号：120110

发票号码：06086782　　　　2020 年 01 月 22 日　　　　收料仓库：1 号库

材料编号	材料名称	规格	计量单位	数量		计划价格(元)		实际价格(元)	
				应收	实收	单价	总价	单价	总价
	甲材料		kg	4 000	4 000				
				差异			备注		

仓库负责人：　　　　记账：　　　　仓库保管：　　　　收料：张强

第二联　财务记账

9-3

原材料入库单

供货单位：青岛星光工厂　　　　　　　　　　　　　　　编号：120111

发票号码：06086782　　　　2020 年 01 月 22 日　　　　收料仓库：1 号库

材料编号	材料名称	规格	计量单位	数量		计划价格(元)		实际价格(元)	
				应收	实收	单价	总价	单价	总价
	乙材料		kg	1 000	1 000				
				差异			备注		

仓库负责人：　　　　记账：　　　　仓库保管：　　　　收料：张强

第二联　财务记账

9-4

付款期限

中国工商银行 银行汇票　多余款收账通知　4　山东　BA/10　00088204

出票日期（大写）　贰零贰零年零壹月贰拾贰日　　代理付款行：农行青岛抚顺路支行　行号：8448053

收款人：青岛星光工厂　　账号：3660321571

出票金额	人民币（大写）	贰拾肆万元整										
实际结算金额	人民币（大写）	壹拾陆万柒仟肆佰贰拾元整	千	百	十	万	千	百	十	元	角	分
				¥	1	6	7	2	4	0	0	0

申请人：山东华联有限责任公司　　账号：2000056783

出票行：工行威海支行　　行号：82280631

备注：

凭票付款

出票行签章　（印章：中国工商银行 威海支行 2020.1.22 业务受理章）

密押	柒万贰仟柒佰陆拾元整	左列退回多余金额已收入你账户

多余金额

千	百	十	万	千	百	十	元	角	分
		¥	7	2	7	6	0	0	0

复核　　记账

10.25 日，预付材料款。

10-1

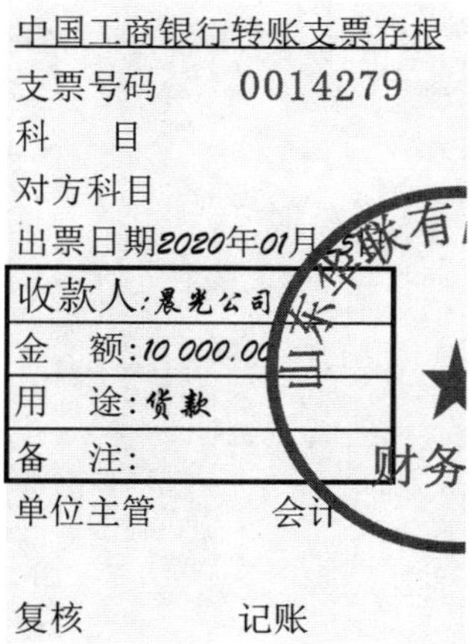
中国工商银行转账支票存根

支票号码　0014279

科　　目

对方科目

出票日期2020年01月25

收款人：晨光公司

金　额：10 000.00

用　途：货款

备　注：

单位主管　　会计

复核　　记账

（印章：山东华联有限……财务……）

11. 27 日，收到前欠货款。

11-1

中国工商银行进账单 （收账通知）

2020 年 01 月 27 日　　　　第　　号

收款人	全　称	山东华联有限责任公司	付款人	全　称	山东北方公司
	账　号	2000056783		账　号	51515651
	开户银行	工行威海支行		开户银行	商业银行南山支行
人民币（大写）	柒万伍仟元整		万千百十万千百十元角分	￥7500000	
用途					
票据张数	一张	票据种类	支票		
单位主管　会计　复核　记账			收款人开户银行盖章（中国工商银行 威海支行 2020.1.27 讨讫）		

开户银行给收款人的收账通知

12. 28 日，支付税费。

12-1

中华人民共和国
税收电子转账专用完税证

填发日期：2020 年 01 月 28 日

税务登记代码	72123	征收机关	高区国家税务局
纳税人全称	山东华联有限责任公司	收款银行(邮局)	工行威海支行

税(费)种	税款所属时期	实缴金额
增值税	20191201—20191231	136 510.00
城建税	20191201—20191231	9 555.70
教育费附加	20191201—20191231	4 095.30
合计		￥150 161.00
金额合计	（大写）壹拾伍万零壹佰陆拾壹元整	

税务机关（盖章）（山东省税务局 征税专用章）	收款银行(邮局)（盖章）（中国工商银行 威海支行 2020.1.28 业务处理章）	经手人 宋珍（签章）	备注

电脑打印　　手工无效

此凭证仅作纳税人完税凭证，此外无效

12-2

中国工商银行转账支票存根

支票号码　0014279

科　目

对方科目

出票日期2020年01月28日

收款人:	工行威海支行
金　额:	150161.00
用　途:	税款
备　注:	

单位主管　　会计

复核　　记账

13. 31 日，分配工资。

13-1

工资费用分配汇总表

2020 年 01 月 31 日

车间、部门		应分配金额
车间生产人员工资	A 产品负担	30 000.00
	B 产品负担	15 000.00
车间管理人员工资		5 000.00
厂部管理人员工资		18 000.00
专设销售机构人员工资		4 500.00
合　计		72 500.00

主管：　　审核：　　制表：张明

14. 31 日，计提折旧。

14-1

固定资产折旧计算表

2020 年 01 月 31 日

使用单位	上月固定资产折旧额	上月增加固定资产应提折旧额	上月减少固定资产应提折旧额	本月应提的折旧额
生产车间	50 200.00			50 200.00
行政办公部门	48 300.00			48 300.00
专设销售机构	1 500.00			1 500.00
合　计	100 000.00			100 000.00

会计管理：　　　　审核：　　　　制表：张明

15. 31 日，计提短期借款利息。

15-1

应付利息计算表

2020 年 01 月 31 日

贷款银行	借款种类	计息积数	日利率	利息额
工商银行	短期借款	457 640.00	0.018 21%	2 500.00
合　计				2 500.00

会计主管：　　　　复核：　　　　制表：张明

16. 31 日，计算结转本月发出材料应承担的差异。

16-1

甲材料成本差异计算表

2020 年 1 月 31 日　　　　单位：元

用途	本月发出材料的计划成本	甲材料的成本差异率	甲材料承担的成本差异
A 产品生产	66 000	-3.31%	
B 产品生产	16 500		
车间消耗	3 300		
行政办公消耗	9 900		
合计	95 700		

会计主管：　　　　复核：　　　　制表：张明

16-2

乙材料成本差异计算表

2020 年 1 月 31 日　　单位：元

用途	本月发出材料的计划成本	乙材料的成本差异率	乙材料承担的成本差异
A 产品生产	22 000	0.622%	
B 产品生产	17 600		
车间消耗	1 100		
行政办公消耗	2 200		
合计	42 900		

会计主管：　　复核：　　制表：张明

17. 31 日，分配制造费用。

17-1

制造费用分配表

2020 年 01 月 31 日

分配对象	分配标准(生产工人工资)	分配率	分配金额
A 产品			
B 产品			
合计			

审核：　　制表：张明

18. 31 日，计算结转本月完工产品成本(假如全部完工)。

18-1

产品成本计算单

产品名称：A 产品　　2020 年 01 月 31 日　　完工：800 件

项目	直接材料	直接人工	制造费用	合计
本月发生生产成本				
完工产品总成本				
完工产品单位成本				

审核：　　制单：张明

18-2

产品成本计算单

产品名称：B产品　　2020年01月31日　　完工：400件

项目	直接材料	直接人工	制造费用	合计
本月发生生产成本				
完工产品总成本				
完工产品单位成本				

审核：　　制单：张明

18-3

产品入库单

单位：生产车间　　2020年01月31日　　字第325632号

产品编号	产品名称	计量单位	实收数量		单位成本	总成本	备注
	A产品	件	800				
	B产品	件	400				
合计							

主管：　　保管：　　交库：　　会计：

19. 31日，计算结转本月已售产品成本。

19-1

本月销售产品计算表

2020年01月31日

产品名称	单位	本月销售		
		数量	单位成本	金额
A产品	件	1 500		
B产品	件	800		
合　计				

审核：　　制表：张明

20. 31 日，计算城建税以及教育费附加。

20-1

应交城建税及附加费计算表

2020 年 6 月 30 日

项目	计税金额	税率	本月应交数
应交城市维护建设税	30 315	7%	2 122.05
应交教育费附加	30 315	3%	909.45
合　计	30 315		3 031.5

会计主管：　　　　　　　　复核：　　　　　　　　制表：张明

21. 31 日，计算结转本月损益类账户。

21-1

本月损益类账户结转表

2020 年 01 月 31 日

科目名称	借方发生额	贷方发生额
主营业务收入		
主营业务成本		
税金及附加		
销售费用		
管理费用		
财务费用		
合计		

制单：张明

22. 31 日，按照 25%的税率计算结转本月所得税。

22-1

所得税费用计算表

2020 年 01 月 31 日

应纳税所得额	所得税税率(25%)	应交所得税

制单：张明